U0450617

Performance, Cognitive Bias,
and Satisfaction with Public Services

绩效、认知偏差与公共服务满意度

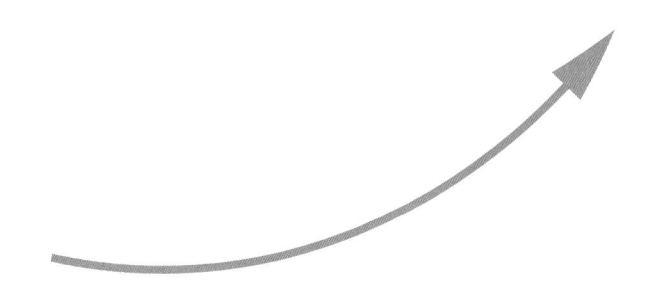

基于多层线性模型的宏微观互动分析

刘成 著

中国社会科学出版社

图书在版编目(CIP)数据

绩效、认知偏差与公共服务满意度：基于多层线性模型的宏微观互动分析／刘成著.—北京：中国社会科学出版社，2024.5
ISBN 978 – 7 – 5227 – 3225 – 1

Ⅰ.①绩… Ⅱ.①刘… Ⅲ.①经济绩效—影响—地方政府—社会服务—研究—中国　Ⅳ.①F014.9②D625

中国国家版本馆 CIP 数据核字(2024)第 049753 号

出 版 人	赵剑英
责任编辑	许　琳
责任校对	苏　颖
责任印制	郝美娜

出　　版	中国社会科学出版社
社　　址	北京鼓楼西大街甲 158 号
邮　　编	100720
网　　址	http：//www.csspw.cn
发 行 部	010 – 84083685
门 市 部	010 – 84029450
经　　销	新华书店及其他书店
印　　刷	北京君升印刷有限公司
装　　订	廊坊市广阳区广增装订厂
版　　次	2024 年 5 月第 1 版
印　　次	2024 年 5 月第 1 次印刷
开　　本	710×1000　1/16
印　　张	13.25
字　　数	201 千字
定　　价	78.00 元

凡购买中国社会科学出版社图书，如有质量问题请与本社营销中心联系调换
电话：010 – 84083683
版权所有　侵权必究

目　录

前　言 ……………………………………………………（1）

第一章　绪论 ……………………………………………（1）
第一节　研究背景 ……………………………………（1）
第二节　研究问题与研究意义 ………………………（6）
第三节　研究内容与技术路线 ………………………（12）
第四节　研究方法 ……………………………………（18）

第二章　国内外研究综述 ………………………………（21）
第一节　国外研究进展 ………………………………（22）
第二节　国内研究进展 ………………………………（29）
第三节　研究评述 ……………………………………（34）

第三章　概念界定与理论基础 …………………………（37）
第一节　概念界定 ……………………………………（37）
第二节　理论基础 ……………………………………（45）

第四章　研究设计 ………………………………………（65）
第一节　研究假设 ……………………………………（65）

第二节　数据来源与样本介绍 …………………………… (84)
第三节　变量操作化 …………………………………… (89)
第四节　数据预处理 …………………………………… (98)

第五章　绩效与公共服务满意度的关系检验 …………… (104)
第一节　客观绩效对公共服务满意度的影响 ………… (104)
第二节　绩效感知对公共服务满意度的影响 ………… (109)
第三节　绩效感知对客观绩效影响公共服务
　　　　满意度的中介作用检验 …………………… (111)

第六章　认知偏差与公共服务满意度的关系检验 ……… (116)
第一节　认知偏差对公共服务满意度的影响 ………… (116)
第二节　认知偏差对客观绩效影响公共服务
　　　　满意度的调节作用 ………………………… (120)
第三节　认知偏差对绩效感知影响公共服务
　　　　满意度的调节作用 ………………………… (127)

第七章　研究结论、研究启示与研究展望 ……………… (138)
第一节　研究的主要结论 ……………………………… (138)
第二节　研究启示 ……………………………………… (141)
第三节　研究不足与研究展望 ………………………… (161)

参考文献 ………………………………………………… (166)

附录一　公共服务满意度各题项检验及因子分析 ……… (204)
附录二　公共服务主观绩效感知各题项检验及因子分析 … (206)

前　言

公众支持是政府合法性的重要来源，而公共服务是现代政府赢得公众认可的关键。因此，理解公众对公共服务的反应始终是公共管理学界和实践界关注的核心议题。在建设人民满意的服务型政府的关键性阶段，公众满意已然成为衡量公共服务供给水平的首要标准，不仅关系到公共服务效能和政府职能转变的成效，更关乎政府公信力提升以及国家治理现代化建设。因此，探究公共服务满意度的影响因素及其形成机制显得尤为重要且迫切。然而，现有文献还未能从理论和实证层面进行全面而系统的解释。一方面，大多数公共管理研究依然延续理性人假设，集中讨论了各种公共服务绩效相关因素对公众满意度评价的影响，却忽视了人的知觉、本能、信念、情感和情绪等非理性因素在满意度评价中的作用。另一方面，新近研究虽然关注了满意度评价的非理性诱因，但过于强调认知偏差效应，容易使人错误地认为公众是否满意和公共服务本身并无关系，完全是个体价值观、心理意识和情绪情感支配的结果。

本研究从有限理性人假设切入，综合了制度绩效理论、顾客满意度模型、坎贝尔模型等理性人假设下的理论模型，以及认知偏差理论、象征性理论等非理性人假设下的理论模型，旨在构建一个更具解释力、更为完整的公共服务满意度评价理论框架。为了增强研究的普适性，本研究基于全国抽样调查和城市统计的匹配数据，系统探讨了公共服务满意度的影响因素及其之间的复杂互动关系。具体研究过程是在文献综述和理论回顾的基础上，建构了公共服务满意度评价的理论框架，并通过多层线性模型进行了定量检验，主要结论如下。

首先，在绩效影响公共服务满意度的主效应方面。全国范围内的研究表明，绩效感知对公共服务满意度具有显著的正向影响，而客观绩效的影响虽然为正，但缺乏统计显著性。分地区回归结果显示，在城市、农村、东部、中部、西部和东北地区，绩效感知对公共服务满意度的正向影响均具有统计显著性，而客观绩效仅在农村和西部地区对公共服务满意度产生显著正向影响。总体来看，相较于客观绩效，主观绩效感知对公共服务满意度的影响更为强烈。

其次，主观绩效感知在客观绩效与公共服务满意度的关系中发挥了中介作用。具体来说，在农村地区，客观公共服务绩效通过提升当地公众对绩效感知水平，从而影响其对公共服务的满意度评价。这表明，在客观绩效发挥作用的过程中，需要提高个体对公共服务便利性、充足性和均衡性等方面的感知水平，才能真正提高社会公众的公共服务满意度。

再次，在公共服务满意度的认知偏差效应方面。政府角色认知和社会信任显著影响着公共服务满意度，并存在"角色"和"信任"认知偏差。具体来看，全国范围内大政府倾向和社会信任水平高的人具有更高的公共服务满意度。地区回归结果显示，城市居民受到这两种认知偏差的影响比农村居民更强，而东北地区居民的效应值也远高于西部、东部和中部地区居民。

最后，认知偏差在主客观绩效与公共服务满意度的关系中起到调节作用。一方面，认知偏差正向调节了客观绩效对公共服务满意度的影响。其一，政府角色认知正向调节了东北地区客观绩效与公共服务满意度的关系，并且随着居民的小政府倾向转向大政府倾向，客观绩效对公共服务满意度的影响也会从负向转向正向；其二，在全国和西部地区，社会信任在客观绩效对当地公众公共服务满意度的影响中起到正向调节作用。另一方面，认知偏差在绩效感知与公共服务满意度关系中调节作用存在异质性。其一，在全国、农村和西部地区，政府角色认知呈现出负向调节作用，削弱了绩效感知对公共服务满意度的正向影响；其二，社会信任在绩效感知与公共服务满意度关系中的调节作用因地区而异，在全国、东部和中部地区体现为负向调节效应，而在西部地区则是正向调节效应。

根据以上结果，本研究认为，应将绩效管理和个体认知结合起来，双管齐下地提升公众的公共服务满意度。具体措施包括提高公共服务的供给能力、营造彼此信任的社会氛围、将公众满意度纳入公共服务绩效考核体系，并采用适当的心理和行为干预手段等。最后，本研究的贡献在于，基于有限理性人假设，从绩效因素和认知偏差两个维度出发，构建了公共服务满意度影响因素的综合框架，并采用全国代表性数据和多层线性模型的研究方法对此进行了实证检验，从而在一定程度上拓宽了公共管理学界对于公共服务满意度影响因素及其形成机制的理论认知。

第一章 绪论

第一节 研究背景

一 国际背景

"合法性"是各国政府得以维继的基础和前提。如何获得公众的支持与认可始终是公共管理学界和实践界关注的核心议题。自古以来,通过何种路径赢得公众的支持与信任是摆在公权力面前的历史性难题,而在全球性治理危机的当代,这一难题显得格外突出。来自美国的一项全国性选举调查(American National Election Study, ANES)显示,1964年,只有29%的公众认为,政府被少数的垄断利益集团所控制,这一比例在1984年便跃升至55%,到1998年进一步攀升到63%;不仅如此,在另一项关于官员是否关心公众利益的问项中,60年代有2/3的美国人选择了政府官员真正关心公众利益,而1998年的调查结果显示,2/3美国人选择了政府官员并不是真正关心公众利益(阮宗泽,2001)。在此种背景下,许多国家开启了一系列旨在通过改善社会福利来缓和社会矛盾的新尝试,使得政府的公共服务职能越来越受到重视(姜晓萍、陈朝兵,2018)。

从20世纪80年代中期以来,随着全球化进程不断深入、国际竞争持续升温以及科学技术的日新月异,传统官僚制所带来的弊端日益凸显,导致公共部门陷入了管理低效、财政紧张、回应性不足等一系列治理困境。为了重拾公众对公共部门的支持与信任，一场名为"新公共管理（NPM）"的运动迅速席卷全球（吴建南、庄秋爽，2005），开始将竞争、激励、扁平化、结果导向和顾客至上等市场化理念带到公共管理领域（Dunleavy et al.，2006；Hood et al.，2008）。新公共管理理论的核心是推动绩效评价（Performance Evaluation）模式的转变。过去，政府部门主要基于目标管理（Management by Object，MBO）和自上而下的政府内部评价，而在新公共管理运动影响下，基于客观公信力（Accountability）、外部独立社会组织评估、自下而上的公众评价等外部评价模式得到重视（贾晋、李雪峰，2017）。这其中，公众满意度评价在政府绩效评估中的地位和价值越来越凸显。例如，美国政府在1993年颁布了《设立顾客服务标准》，要求政府部门建立公众意见表达渠道，将公众评价视为评估政府工作的重要标准；同年，又出台了《政府绩效与结果法案》，将公众评价在行政管理和社会服务中的应用上升至法律高度，以更好地加强公共部门的公共责任、服务效益和结果导向。

随着公共服务部门的绩效评估逐渐由强调服务供给方（政府）组织内部控制的评估模式转向以社会效果为导向的外部评估模式（Coe，2003；陈振明，2003），全球诸多的国际组织、非营利组织、学术科研机构、大众媒体和咨询公司对政府公共服务绩效展开丰富多样的外部评估，并定期发布一系列的评估报告和各类排行榜。近半个世纪以来，以美国、英国、加拿大等为首的西方国家开展了包含政府报告卡（government report cards）、排行榜（scorecards）、公共服务绩效排名（public service performance ranking）等形式多样的公众满意度评价活动。比如2000年联合国构建了包括一般性公共服务、安全与国防、秩序与社会安全等10个领域的政府公共服务标准体系（尚虎平，2013），又比如发布针对美国高等教育机构的质量排名等（于文轩等，2016）。

公共服务满意度对政府治理有效性的影响可以归结为两个方面：社会态度和公共行为。首先，公共服务满意度深刻地塑造了公众的社会态度。不少实证研究显示，公共服务满意度更高的公众更加愿意赋税（Beck et al.，1987；Fowler，1974），而低公共服务满意度公众的纳税遵从度则相对更低（任小军，2013）。同时，公众对公共服务的评价是公众政治信任的重要来源。相当的证据表明公共服务满意度有利于提升公众对政府的信任度、支持度和忠诚度（Bouckaert et al.，2003；Van Ryzin et al.，2004；Beshi，Kaur，2019）。斯通曼就指出，公众对政府绩效的评价尤其是对公共教育和医疗卫生的满意度，是政治信任最主要来源（Stoneman，2008）。其次，公共服务满意度支配着人们的公共行为。一方面，公共服务满意度直接影响公众的地域迁移行为（Sharp，1984a，1984b；Lyons，Lowery，1989）。根据蒂布特模型（Tiebout，1956），在公众可以充分流动的前提下，居民会比较不同地区公共服务满足自身需求和偏好的程度，从中选择最好满足其公共产品偏好的地区。大量实证研究发现，低公共服务满意度是预测居民做出迁移行为的重要变量（Ostrom et al.，1961；Sakashita，Hirao，1999；刘金凤、魏后凯，2019），是出现公众"用脚投票"的重要诱因。另一方面，过低的公共服务满意度会引发政府抗争行为。实证研究发现，公众对政府治理和公共服务的不满意很容易激发人们的抗议和骚乱等反政府行为（Sears，McConahay，1973），从而降低社会公众对公共政策的支持度，威胁政府的执政合法性。

二 国内背景

在新公共管理运动全球浪潮的影响下，向公共服务职能倾斜并由"管理"向"服务"转变是近几十年来我国政府职能转型的一大趋势。自1978年召开的党的十一届三中全会开启了改革开放的历史进程以来，随着经济体制改革进入深水区，行政体制改革在不断深化。改革重心也随之改变，逐渐由"以经济建设为中心"的政府向公共服务型政府转变［中国（海南）改革发展研究院，2009］。近些年，政府的公共服务职能尤为凸显。党的十八大以来，建设人民满意的服务型政府成为行政体制改革和推进政府治理现代化的重要战略目标。党的十八届三中全会通过的《中共中央关于全面深化改革若干重大问题的决定》明确指出，加强和优化公共服务是政府的职责和作用所在。党的十九大报告更是提出了"建设人民满意的服务型政府"的改革目标和任务。因此，可以预期进一步加强政府的公共服务职能将是未来政府改革的重要方向（王永莉等，2015）。

首先，建设人民满意型政府的应有之义是通过公共服务赢得公众满意。随着我国经济社会的快速发展，公众的满意度评价逐渐成为政务服务改革、公共政策制定和公共服务供给的重要考量（Cao，Hou，2012）。2003年提出建设服务型政府后，这一趋势得到了进一步加强和重视（Tsao，2009；汪玉凯，2009）。进入新时代以来，我国社会的主要矛盾发生了根本性转变，从"人民日益增长的物质文化需求同落后的生产力之间的矛盾"转向"人民日益增长的美好生活需求和不平衡、不充分发展间的矛盾"。习近平总书记在不同场合强调："检验我们一切工作的成效，最终都要看人民是否真正得到了实惠，人民生活是否真正得到了改善。"其次，公众对公共服务的积极评价具有非凡的现实意义。例如，作为纳税人的社会公众，其对政府公共服务的认可和肯定有助于形成对税制的公平性评价，从而提高公众对纳税的遵从（任小军，2013）。在我国经济增长放缓、财政压力不断加大的宏观背景下，提高公众的公共服务满意度不仅有利于促进税收顺利实施、保证政府财政收入的稳定，还有助于促进政府与居民关系的和谐，提升政府形象（王永莉、梁城城、王吉祥，2016）。最后，社会公众作为公共服务的最终接受者，公众的满意度评价成为评估公共服务绩效的重要标准。长期以来，我国政府一直试图通过自上而下的目标导向的绩效评估方式激发和引导地方政府行为，建立了具有中国特色的目标责任体系（TRS）（Walker，Wu，2010）。然而，在传统的官僚晋升制度中，下级政府往往以达成上级的目标设定为核心导向，滋生了形式主义、目标缺位、考核作弊、政府不作为等问题，同时也不利于公共需求的精准回应（Yu，Ma，2015）。2013年11月，中共中央发布了《关于全面深化改革问题的决定》，强调公众对政府机构的信任与忠诚依赖于公众对政府工作的满意程度，公众满意度对政府规划与政策具有指导作用（杜兴洋、刘灵丽，2018）。许多学者认为，公众满意度作为公共服务的使命和校标会成为未来的一大趋势（Walker，Wu，2010；Yu，Ma，2015；谢星全、朱筱屿，2018；贾奇凡、尹泽轩、周洁，2018；张书维、李纾，2018）。

从实践层面来看，越来越多的地方政府和非政府组织意识到提升公共服务效能的重要性，并开展了丰富多样的公共服务满意度评测活动。早在1999年，珠海市政府启动了"万人评议政府"活动，通过向公众和"测评团"发放问卷的形式对当地机关单位进行评测，并将结果纳入部门年终成绩，成为各级机关转变工作作风、狠抓工作落实、优化发展环境和建设服务型政府的重要推手，同时也为社会公众提供了有效参与渠道（付景涛、倪星，2008）。除了政府内部发起的以机关效能建设为主的考评型满意度评价外，许多非政府组织为了进一步提高公共服务满意度评价的客观性、公正性和社会影响力，也展开了纷繁多样的公共服务满意度调查。例如，自2010年起，社会科学文献出版社联合其他部门每年发布《公共服务蓝皮书——中国城市基本公共服务力评价》，对全国38个直辖市、省会城市、经济特区和计划单列市的公共服务现状进行系统评估，采用主观问卷调查的形式。国务院办公厅于2019年12月印发

《关于建立政务服务"好差评"制度提高政务服务水平的意见》,要求在2020年底前全面建成政务服务"好差评"制度体系[①]。近年来,越来越多第三方机构在不同地域范围展开了公共服务满意度调查,例如上海交通大学民意与舆情调查研究中心的《中国城市公共服务满意度调查》以及小康杂志社的《中国公共服务指数》等。这些实践在了解公众对政府形象的看法、提高公共服务绩效评估的科学化水平以及加强服务型政府建设方面发挥了重要作用。

然而,从调查的实际情况来看,公众对公共服务的满意度却不尽如人意。调查显示,2008年全国十余个城市将近70%的受访者对地方政府公共服务的整体供给情况表示不满(张世英,2010);另一项基于38个主要城市的调查则发现,直到2018年公众的平均公共服务满意度仍然仅为58.05分,相较2015年还下降0.7分(胡云锋、于海涛,2019)。更耐人寻味的是,公共服务满意度最高的是公共服务绝对实力明显不足的拉萨,而诸如北京、上海、深圳这些公共服务发达的超级城市却未进入前五(中央电视台,2019)。这些现象不禁让我们思考:公共服务满意度到底受到哪些因素的影响?深入探究这一问题是理解公共服务满意度的真实意涵,是明确其在政府绩效评估和政府决策中的价值功用,进而扭转或改善政府合法性危机的当务之急(高峰、王昊翔,2020)。

第二节 研究问题与研究意义

一 研究问题

如前所述,政府职能向公共服务转型是解决政权合法性危机、

[①] 《政务服务"好差评"制度体系明年底前全面建成》,百家号,http://baijiahao.baidu.com/s?id=1653215916679900455&wfr=spider&for=pc,访问日期:2019年12月1日。

应对治理环境复杂化困境和提升政府治理效能的关键。公众作为公共服务的最终接受者，其对公共服务的满意程度是衡量公共服务绩效和提高公共服务决策水平的关键，也是建设人民满意的服务型政府的应有要义。然而，对于公众的公共服务评价是否能反映政府真实的公共服务绩效，以及这种评价是理性判断的结果还是一种非理性行为，仍然是一个重要但悬而未决的问题，需要公共管理学者们做出有力回应。本研究从有限理性人假设出发，通过整合组织绩效理论、顾客满意度模型、坎贝尔模型和认知失调理论、象征性理论等理论思想，对公共服务满意度的影响因素及其作用机制进行理论探讨和实证检验，旨在提出更为系统和合理的解释框架和实证模型，以更好地理解公共服务满意度。

本研究力图回答的核心研究问题是：尽管政府对公共服务越来越重视，为什么公众对公共服务的满意度评价却没有相应提升，以及如何有效提升公共服务满意度。为了解决这一问题，前提性任务是明确哪些是重要的、影响公共服务满意度的因素，并揭示这些因素之间的内在联系和逻辑关系，从而深入探究公共服务满意度的形成机制。因此，本研究主要的研究问题细分为以下四个方面：（1）影响公众公共服务满意度评价的主要因素有哪些？（2）这些因素之间存在何种理论和逻辑上的关系？（3）基于此，是否能够刻画出公共服务满意度的较为一般化的形成机制，并且这一机制是什么？（4）更具体地，在有限理性人假设下，公共服务满意度是否受到绩效相关因素（客观绩效和主观绩效感知）和由个体政府角色认知和社会信任引发的"角色"和"信任"认知偏差的影响，这些影响之间又存在何种机制？

回应以上问题不仅能够更为可靠和科学地评估我国政府公共服务的实际成效，而且对全面且系统地厘清公共服务满意度的形成过程具有重要意义。在有限理性假设的前提下，深入研究公共服务满意度的作用机制，有助于提升我国政府公共服务供给能力，提高公众对公共服务的满意度，并进一步扩大人民满意的服务型政府建设的成效。

二 研究意义

公众对公共服务满意与否是衡量政府公共服务绩效的终极标尺，也是判断地方政府社会管理水平的重要标准（冯菲、钟杨，2016）。为了提高政府公共服务评估的科学化水平和公共服务供给效率，提出可行性建议和对策，深入探究公共服务满意度的影响因素及其作用机制变得非常必要。因此，本研究基于宏观的城市统计数据和微观的个体调查数据，以现有公共服务满意度的相关理论为基础，研究有限理性假设下公共服务满意度的影响因素及其形成机制，具有重要的理论意义和实践价值。

（一）理论意义

自20世纪中后期的新公共管理浪潮兴起以来，公共服务满意度研究已然成为研究热点。起初的公共服务满意度研究局限于有过服务经历的直接体验者，但新公共服务学派认为这种做法存在公共性缺失问题，应该将全部民众纳入其中（罗伯特·B. 丹哈特等，2002）。因此，近年来，基于社会公众的公共服务满意度研究成为新的研究焦点。然而，不论是针对何种群体，公众的满意度评价作为一种复杂的心理态度，其受制于哪些因素及其内在机理仍未系统厘清。例如，客观绩效与公众的公共服务满意度有何联系及如何发生联系，公众对公共服务的满意度评价究竟是理性的还是非理性的，或者是两者共同作用的结果，这些尚未解决的核心议题成为了阻碍公共服务满意度研究的演进和发展的关键，亟须从理论层面系统地回溯公共服务满意度的影响因素及其形成机制。基于此，本研究的理论意义主要体现在如下方面。

第一,有助于回应学界关于客观公共服务绩效与主观公共服务满意度间的争论。两者关系自20世纪70年代以来就是公共管理学界尤其是政府绩效研究领域关注的核心问题。然而,实证研究却得出了相关、不相关、负相关三种截然不同的结论。针对两者悬而未决的关系,固然不排除两者实际关系的确存在的复杂性,但也不能忽视研究样本的代表性不足,以及研究方法和测量方式的选择偏误引致的结果偏差。其一,已有文献的研究样本要么针对特定公共服务领域,要么局限在特定的研究地域(如单一城市或少数几个城市),这给研究结论的向外推行带来了巨大的挑战。其二,既有文献在研究方法方面也存在可改进空间。比如,为了适应传统线性回归模型,将某一地区的公众满意度取平均后得出这一区域整体的满意度,但这一做法忽视了同一区域内个体间的差异,这种被统计学界称为生态谬误(Ecological Fallacy)的模型使用不当自然有损数据分析结果的可靠性。再比如,学者们往往采用简单线性回归模型处理不同层面的嵌套型数据,这很容易引发回归系数显著性偏高等问题,不利于得出可靠的分析结果。其三,客观绩效测量问题。许多研究在测量政府客观绩效时,通常使用投入类指标,如公共服务财政投入等。但是,政府投入并不一定能够转化为实实在在的公共服务产出或公众期待的结果,而基于这些数据的结论很可能会扭曲客观绩效与公共服务满意度之间的真实关系。针对以上问题,本研究选用了全国性抽样微观调查数据匹配宏观统计数据、采用专门处理嵌套结构数据的多层线性模型(Hierarchical Linear Model,HLM)以及使用更贴近公众体验的产出型指标测量客观绩效,以更为精准而可靠地回应学界颇具争议的理论议题。

第二,有助于加深对客观绩效影响公共服务满意度过程机制的认识。在实践层面,政府提供的公共服务与公众满意度之间存在许多中间过程。然而,在公共管理学科领域,研究客观绩效与公共服务满意度的关系通常局限于它们是否存在直接关系，而忽视了许多过程变量。面对这两个因素之间复杂的传递链，试图仅仅通过探测它们是否具有直接相关性的方式是不足以解释这一漫长的传递过程的。因此，我们迫切需要研究者和实践者跳出这种略显"简单"的已有思维模式，转而直面这一复杂过程。通过从个体的主观绩效感知入手，重新审视客观绩效是否以及如何影响公共服务满意度，可以更为细致而精准地厘清和挖掘这两者之间的关系及其形成机制。

第三，有助于建构公共服务满意度的系统性解释框架。针对公共服务满意度的影响因素，现有研究形成了许多针锋相对的理论视角。一方面，基于理性选择视角的理论模型认为社会公众充满理性，能够从利益最大化的角度评价公共服务，认为客观绩效和主观绩效感知是公共服务满意度的关键因素；另一方面，非理性人假设下的理论模型则认为人类的认知受到个体习惯、情感、信念、知觉、本能等非理性因素的制约，具有不自觉、非理性和非逻辑性的特点，这使得个体对公共服务的满意度评价偏离理性判断，进而出现认知偏差。但是，有限理性理论认为，人的认知和决策通常并非严格的理性或非理性，而是介于理性和非理性之间的有限理性。然而，现有研究大多选择从单一假设视角分别探讨两种因素对公共服务满意度的影响，很容易导致对公众满意度评价的片面化理解。因此，本研究提出了一个整合型理论框架，从有限理性视角出发，有机结合理性和非理性两种理论假设，系统地解释公共服务满意度。借由这一整合框架，本研究能够甄别这些因素是否会共同发挥作用以及各类因素的影响强度如何，更进一步地，通过引入不同理论假设下变量之间的交互项，探究两类因素在发挥作用时存在何种复杂的互动关系，有助于拓展学界对于公共服务满意度复杂形成机制的理论认知。

(二)实践价值

公共服务满意度是极为重要的公共服务绩效评估方式,同时也是政府治理的无形资产,对于政府和公众建立良好互动关系具有重大现实意义。在当前我国处于发展关键期的背景下,公共服务成为政府职能的重要指向,而公众作为服务的最终接受者,其对公共服务的满意度评价对于政府公共职能的良性发挥具有独特的价值和功能。因此,本研究的实践价值主要有以下几个方面。

第一,有助于推动人民满意的服务型政府建设。由于公众评价在政府治理回应性和有效性中的独特价值,各国政府越来越重视公众对公共服务的满意度评价(Bouckaert et al., 2005; Van Ryzin, 2015)。但如前所述,学界和实践界对公众满意度的理解仍然存在诸多不足。本研究结合理性人和非理性人假设,构建了基于有限理性人假设的整合理论框架,综合考察客观绩效、主观绩效感知,以及个体的非理性认知因素对公共服务满意度的影响并深入探究影响因素之间的作用机制,有利于公共服务部门科学理性地认识公众满意度评价,进而做出更为合理客观的政府决策。

第二,有利于助推公共服务部门的绩效评估实践。自20世纪七八十年代的新公共管理运动兴起以来,顾客导向理念成为政府改革的价值取向,公众满意度评价成为政府绩效评估的重要形式,全球浪潮的推动也使得公众满意度在我国政府绩效评估实践中逐渐得到重视(孙斐、叶烽,2019)。然而,实践界一直存在着公众满意度评价是否能够反映实际的公共服务绩效,倘若结论是否定的,则会导致主观绩效评价面临"测不准"的挑战(孙斐、叶烽,2019)。这一质疑得以消解的重要前提是厘清客观绩效与公共服务满意度是否具有正相关关系,如果两者存在正向联系,那么公众满意度自然能够作为政府绩效管理的组成内容;反之亦然。针对这一核心问题,本研究使用全国性宏观和微观匹配的嵌套数据,不仅分析客观绩效与公众满意度是否存在关系，还进一步探究两者是如何产生关系的，挖掘两者关系的形成机制。通过一系列严谨的实证研究，能够科学且系统地厘清政府客观绩效与公众满意度之间的关系，并且由于使用了全国性数据，因此，本研究的研究结论有利于得出更为普适性的回答。

第三节　研究内容与技术路线

一　研究内容

围绕何种因素影响我国公众的公共服务满意度的研究问题，本研究在构建整合性理论框架的基础上，结合使用了来自《城市统计年鉴》的客观数据以及《中国社会综合调查》（CGSS）的主观调查数据，采用多层线性模型，从宏观城市和微观个体的双重层面揭示了我国公共服务满意度的复杂影响因素，并进一步探究了不同层面影响因素之间的交互效应，进而更加细致而具体地剖析公共服务满意度的形成机制。针对这两大核心研究问题，本研究的具体章节内容安排如下。

第一章，绪论。该部分主要围绕公共服务满意度的研究背景以及本研究的研究架构和技术路线。具体而言，本章包括研究背景、研究问题和研究意义、研究内容与技术路线，以及研究方法等四大部分。首先，通过对实践和理论场域的分析凸显公共服务满意度这一研究主题的重要性，分为国际背景和国内背景两大部分。其次，在此基础上，进一步明确公共管理实践领域急需但学术界研究不足的切入点，据此提出本研究的研究问题。紧接着指出了解决这些研究问题可能带来的理论意义和实践价值。接下来，介绍了本研究的研究内容和技术路线。最后，介绍了本研究使用的研究方法。本研究使用的统计方法是专门用以处理嵌套数据的多层线性模型，这一节详细介绍了多层线性模型的应用特征、功能优势、数理模型以及应用条件。

第二章，国内外研究综述。已有大量的学者在公共服务满意度影响因素、理论视角以及研究方法上做出了卓著的贡献，通过对这一系列研究的系统综述，为本研究的开展提供了更为详细的材料支撑，主要体现在如下方面，一是为本研究提供恰当的研究切入点和研究逻辑；二是提出适用于解释公共服务满意度的理论和模型；三是分析影响公共服务满意度评价的重要因素等。因此，本章节的重点是围绕公共服务满意度的现有文献进行了梳理，尤其是系统梳理了影响公共服务满意度的宏观和微观因素的研究文献。具体来说，本章由三个章节组成。第一节是国外研究进展，按照公共服务满意度影响因素的层次不同，划分为三个小节，分别是基于微观层面的个体性因素、基于宏观层面的结构性因素和宏微观结合的整合性因素。第二节是国内研究进展，同样按照影响因素的层次差异，划分为个体性因素、结构性因素和整合性因素三个小节，分别就发表在国内的论文进行系统梳理。第三节，主要是对国内外既有关于公共服务满意度的研究文献进行了述评，在肯定其对本研究具有启发意义的基础上，指出了可能存在的不足和有待进一步探索的方向。

第三章，概念界定和理论基础。系统回顾了与公共服务满意度相关的关键概念和理论模型。公共服务满意度研究来自丰富的公共管理实践，并且伴随着公共管理实践的持续演进，从服务最终接受者的社会公众视角解析政府绩效越来越受到重视，进而发展出多元的研究范式和理论模型的过程。这些理论研究和实践积累不仅有效地扩展了学术界和实践界对公共服务满意度更为深刻的认知，也为学者进一步研究提供了方向。而本研究也正是依赖于这些丰富且广阔的理论和实践探索进而展开和实施的。这一部分体现在第三章，在界定了本研究核心概念的基础上,要达成的核心指向是本研究的理论和研究构建来自哪里以及指向何方的问题,同时评述了已有理论在解释公共服务满意度中的可能局限及其应对方向,据此提出了本研究的理论框架。

第四章,研究设计。研究设计是连接理论研究和实证检验的关键一环。本研究的研究设计主要包括四大内容,分别是研究假设、数据来源、变量操作化以及数据预处理。第一节,在上一章建构的基础理论框架之上,结合已有研究文献和我国的公共服务实践现状,提出了本研究的研究假设,分别就客观绩效和主观绩效感知与公共服务满意度的关系,以及认知偏差与公共服务满意度的关系提出具体假设。第二节,介绍了本研究的数据来源。由于本研究的数据包括宏观城市层面的客观数据和微观个体层面的主观调查数据。该小节就样本城市的数据来源和数据内容进行介绍,同时也介绍了微观个体数据数据库的数据抽样方法和抽样过程。其目的是说明本研究所采用的二手数据的多源性、权威性、科学性、可信性和合理性。第三节为变量的操作化以及操作说明。具体包括对因变量公共服务满意度、自变量客观绩效、主观绩效感知、自变量政府角色认知、社会信任以及其他宏微观控制变量的测量,并对测量操作化进行了详细说明。第四节是数据预处理。主要包括描述性统计、相关性分析、信效度分析和数据检验,其中单因素方差检验发现本研究中的主要变量间不存在严重的共同方法偏差问题,相关矩阵结果显示,变量之间不存在严重的共线性问题,组间一致性检验也表明研究数据适用于采用多层线性模型。

第五章,绩效与公共服务满意度的关系检验。本章包括三个小节,前两个小节分别检验了客观绩效和主观绩效感知对公共服务满意度的直接影响;后一个小节验证了主观绩效感知在客观绩效与公共服务满意度关系间的中介作用。实证结果显示,一是客观绩效的影响效应在不同地区存在显著性和方向上的异质性，具体地，客观绩效显著提升了农村、西部地区居民的公共服务满意度，但降低了中部地区居民的公共服务满意度，对此，本研究也从地区经济发展和人口流动等因素导致的供给和需求匹配度等视角进行了解释。二是主观绩效感知在全国、城乡和分地区中均能提高居民对公共服务的满意度评价，是公共服务满意度的最重要来源。三是主观绩效感知完全中介了农村地区客观绩效对公共服务满意度的影响，这意味着客观绩效在发挥效用的过程中，必须要通过提升个体对公共服务便利性、充足性以及均衡性等方面的感知水平，才能真正提高社会公众的公共服务满意度。

第六章，认知偏差与公共服务满意度的关系检验。本章包括三个小节，第一小节检验了认知偏差效应对公共服务满意度的直接影响；后两个小节分别检验了认知偏差在客观绩效和主观绩效感知影响公共服务满意度过程中的调节作用。通过采用跨层随机效率模型，数据分析结果发现：首先，公共服务满意度受到以政府角色认知和社会信任为表征的非理性因素的影响，存在"角色偏差"和"信任偏差"。其次，认知偏差对客观绩效与公共服务满意度具有调节作用。这其中，政府角色认知正向调节了东北地区客观绩效与公共服务满意度的关系，并且随着当地居民的小政府倾向转向大政府倾向，客观绩效对公共服务满意度的影响也会从负向转向正向；在全国和西部地区，社会信任在客观绩效对当地公众公共服务满意度的影响中起到正向调节作用。最后，认知偏差在绩效感知与公共服务满意度关系中调节作用存在异质性。这其中，在全国、农村和西部地区，政府角色认知呈现出负向调节作用，削弱了绩效感知对公共服务满意度的正向影响；社会信任在绩效感知与公共服务满意度关系中的调节作用因地区不同有所差异，在全国、东部和中部地区体现为负向调节效应，而在西部地区则是正向调节效应。

第七章，研究结论、研究启示与研究展望。首先，在实证检验结果的基础上，总结了本研究的主要结论。其次，基于以上研究结论，提出本研究的理论启示和实践启示。一方面，这些研究结论对客观绩效、主观绩效感知与公共服务满意度的关系、公共服务满意度存在的认知偏差效应以及理解公共服务满意度的一般化框架等方面的研究具有一定启示作用。另一方面，本研究从整合视角提出了基于我国公共服务实践情境的对策建议。为提升公共服务满意度，政府不仅要重视公共服务绩效尤其是从公众角度提高其对公共服务绩效的感知度，也要关注个体的认知偏差效应，适当采取相应的行为干预手段影响公众对公共服务的满意度评价。与此同时，也应根据地区差异，因地制宜，采取差异化的行动策略。最后，指出了本研究存在的局限，并展望了公共服务满意度未来的研究方向。

二　技术路线

技术路线是指在明确了研究目标之后，研究者按照"问题界定—理论分析—实证检验—研究结论"的基本思路，准备达成研究目的的技术手段、具体步骤及解决关键性问题的方法等在内的研究途径。形象地说，技术路线就像一个产品的操作手册，帮助研究者按部就班地实现既定目标。整体上看，本研究主要采用了从理论研究到实证的基本路径。具体来说，本研究主要围绕以上的研究内容，按照"研究背景—文献回顾和理论梳理—研究假设—数据分析—研究结论与展望"的步骤逐步展开。

综上所述，本研究的技术路线可以归纳为图1-1。

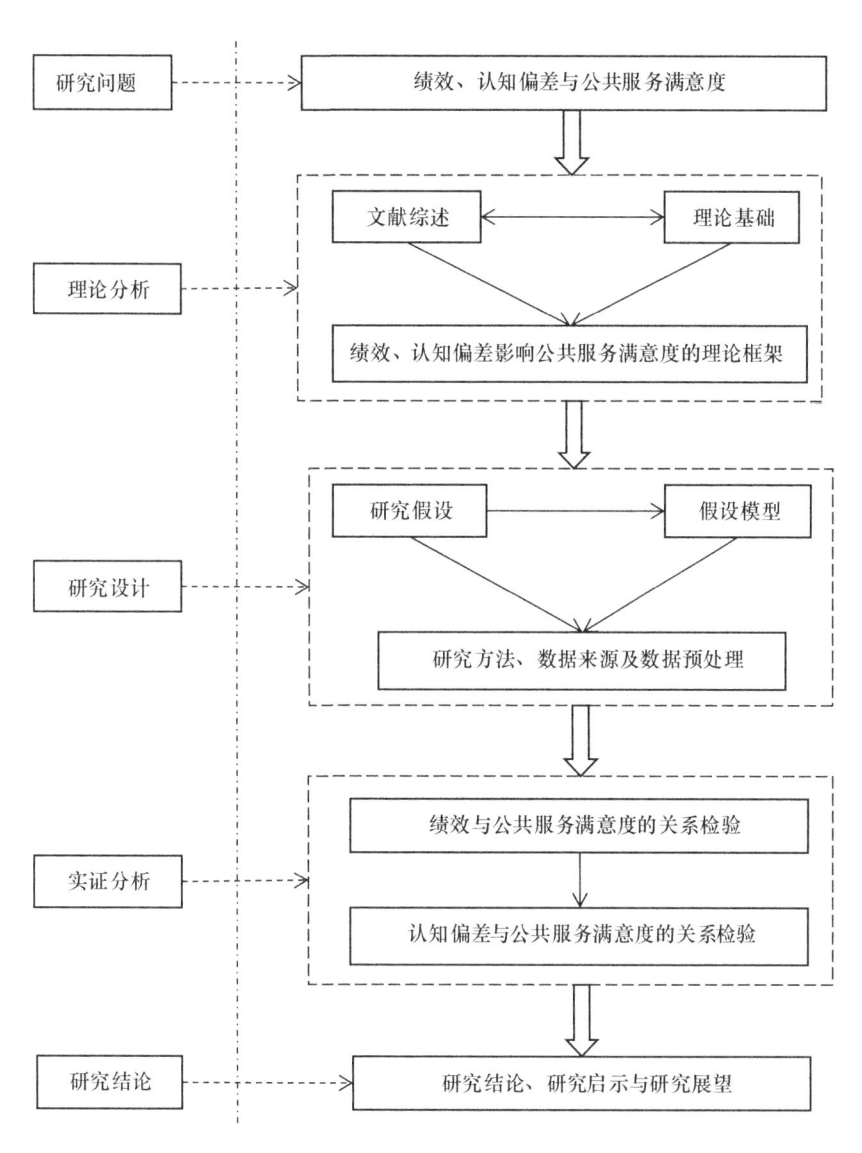

图 1 - 1　技术路线

资料来源：笔者自制。

第四节 研究方法

本研究的核心变量来自两个不同层面：一是宏观城市层面的客观绩效；二是微观个体层面的个人变量。为了更科学地处理这种来自不同层次的嵌套性数据，本研究采用了广泛应用在教育学和心理学领域的多层线性模型作为本研究的统计模型。多层线性模型是一种将一般线性回归技术拓展到跨层资料结构（Hierarchical data Stucture）的统计分析技术。通过定义不同的水平（层）的模型，将随机变异分解成两个部分：第一个层面中个体差异带来的误差以及第二个层面中宏观差异带来的误差。这一模型设定使得第一个层面个体间的误差相互独立，第二个层面宏观因素间的误差也相互独立，进而能够同时考虑不同层面的变异（单志艳、孟庆茂，2002）；并且，由于纳入了不同层次的变量，多层线性模型能够处理跨层的交互作用。由于这些独特优势，多层线性模型在社会科学领域的应用逐渐从教育学、心理学领域扩散到工商管理、公共管理等学科，成为不同学科研究者处理嵌套结构数据的前沿方法。需要说明的是，学科差异使得多层线性模型的称谓不尽相同，除了多层线性模型这一名称之外，也常被称作多水平分析（Multilevel Analysis）、混合模型（Mixed Models）或随机系数模型（Random Coefficient Models），但其内涵是一致的。

如前所述，在嵌套数据结构中，同一城市的居民具有某些相似性。然而，如果采用一般的线性模型进行数据分析，同一城市居民间的残差可能存在自相关，从而导致所得标准误不可信（余慧等，2008；穆滢潭、袁笛，2018），而多层线性模型在处理跨层数据问题方面独具优势。对于本研究而言，所使用的数据同样包括两个层面：一是来自全国内陆28个省份81个城市的宏观变量（如城市层面的客观公共服务绩效、经济发展水平等），二是全国抽样调查的微观个体数据（如公共服务满意度、主观绩效感知等），这样就构成了涵盖"个体—城市"的两层嵌套型数据结构。基于此，本研究采用多层线性模型，探讨宏观城市层面因素和微观个体因素对公共服务满意度的影响及其形成机制。

一般而言，按照功能和用途的不同，多层线性模型可细分为两种类型：一是随机截距模型（Random-Intercept Model）模型，二是随机截距和随机斜率模型（Random-Intercept and Random-Slope Model），本研究简称为随机斜率模型（Random-Slope Model）。随机截距模型假定，因变量的截距在组间存在差异，但各组的回归斜率是固定，这种仅有截距模型的模型设定适合于检验因变量的平均值（截距）在组间的变化程度，并通过引入特定的组间变量，判断这些解释变量与因变量的关系。随机斜率模型建立在随机截距模型的基础上，不仅因变量的截距在组间存在差异，而且各组的回归斜率也存在组间差异，这种涵盖了截距和斜率的模型设定使得不同层次之间能够产生互动，因此适用于检验不同层次变量间的交互效应（Cross-Level Interactions）对因变量的影响。根据以上关于多层线性模型设定的分析，结合本研究中的核心变量，模型构建的具体形式和解释如下：

个体层次模型：

$$y_{ij} = \beta_{0j} + \beta_{1j} IM_{ij} + \beta_{2j} PP_{ij} + \beta_{3j} X_{ij} + e_{ij} \tag{1}$$

宏观层次模型：

$$\beta_{0j} = \gamma_{00} + \gamma_{01} IP_j + u_{0j} \tag{2}$$

$$\beta_{1j} = \gamma_{10} + \gamma_{11} IP_j + u_{1j} \tag{3}$$

$$\beta_{2j} = \gamma_{20} + \gamma_{21} IP_j + u_{2j} \tag{4}$$

随机截距模型：

$$y_{ij} = \gamma_{00} + \gamma_{01} IP_j + \beta_{1j} IM_{ij} + \beta_{2j} PP_{ij} + \beta_{3j} X_{ij} + (e_{ij} + u_{0j}) \tag{5}$$

随机斜率模型：

$$y_{ij} = \gamma_{00} + \gamma_{01} IP_j + \gamma_{10} IM_{ij} + \gamma_{11} IP_j IM_{ij} + \gamma_{21} IP_j PP_{ij} + (u_{0j} + u_{1j} IM_{ij} + u_{2j} PP_{ij} + e_{ij}) \quad (6)$$

式中，i、j 分别指个体层面和宏观层面，y_{ij} 是在 j 城市的 i 个体的公共服务满意度（因变量）。式（1）是个体层次的统计模型，β_{0j} 是个体层次的截距；IM_{ij} 和 β_{1j} 分别表示认知偏差向量及其斜率；β_{2j} PP_{ij} 和 β_{2j} 分别表示个体主观绩效感知及其斜率；X_{ij} 和 β_{3j} 是微观层次个体特征向量及其斜率；e_{ij} 是个体层次的误差项。式（2）中，γ_{00} 是在控制宏观层次相关变量时，个体层次因变量的均值；γ_{01} 是宏观变量制度绩效 IP_j 的斜率；u_{0j} 是宏观层次的误差项。式（3）与式（2）模型类似，只不过是以 β_{1j} 个体层次认知偏差因素的斜率作为因变量，同样地，式（4）是以 β_{2j} 个体的主观绩效感知的斜率作为因变量。式（6）是将式（2）代入式（1）后的随机斜率模型。式（6）是将式（4）、式（3）和式（2）代入式（1）后的随机斜率模型（混合效应模型），γ_{11} 是宏观层次制度绩效 IP_j 和个体层次隐性态度 IM_{ij} 交互项的斜率；γ_{21} 是宏观层次制度绩效 IP_j 和个体主观绩效感知 PP_{ij} 交互项的斜率。

在应用多层线性模型时，要注意三个问题：一是低水平预测变量的中心化或标准化，以便更实际地解释回归系数和截距，并减少多重共线性和提高模型稳定性。二是需要确保高层次样本量足够，因为如果高层级样本量不够多，则没有必要进行多层线性模型。尽管学界对于高层次样本量的具体标准尚不确定，但是本研究的城市层次样本量达到了 81 个，远远超过了现有多数研究采用多层线性模型的样本量。三是需要确保组间的差异足够受到重视。一般而言，只有当个体层面因变量差异超过 5.9% 来自高层次时，才有必要应用多层线性模型（Cohen，1988）。

第二章　国内外研究综述

本章节对相关已有研究成果进行系统性的回溯和评述。目的是为后续研究提供一些可供参考的思路、角度、策略和方法；同时也为后续的数据分析结果提供必要的理论借鉴和研究背景。

作为国家治理体系的重要组成，公共服务是当前公共管理学界关注的焦点议题（尹栾玉，2016）。国内外学者们围绕公共服务的供给主体（Walker，2011；沈志荣、沈荣华，2016；王浦劬，2015）、公共服务动机（Perry，Wise，1990；刘帮成，2019）、公共服务均等化（汪利锬，2014）、公共服务绩效评估（George，Richard，2010；王学军、曹钶婕，2018）展开了细致研究。也有学者关注了影响公共服务供给的前因和后果，一方面关注了财政分权（庞伟、孙玉栋，2019）、晋升激励（胡玉杰、彭徽，2019）、新型技术（Scupola，Zanfei，2016；刘成、李秀峰，2020）对公共服务供给的影响，另一方面也关注公共服务对居民幸福感（Bardhan，Mookherjee，2005）、收入不平等（肖育才、钟大能，2020）等因素对经济社会发展的影响。

随着新公共管理浪潮的持续深入，作为公共服务的最终接受者，社会公众在公共服务供给过程中的地位和价值不断凸显。公众对公共服务的评价越来越成为政府部门优化公共资源配置、确定服务优先顺序以及提升服务质量的重要参考依据（Miyeon et al.，

2020)。单从严格的概念而言,公共服务满意度要么是针对具体服务领域的满意度评价,例如公共教育服务满意度或医疗卫生服务的满意度,要么是整体公共服务的满意度。然而,为了全面了解当前学界的理论发展和应用,明确公共服务满意度的影响因素及其机制,需要梳理公共服务满意度的研究,并纳入与其类似的公众满意度、政府满意度以及涉及政治信任的相关文献,进而实现更为系统的研究综述。

第一节 国外研究进展

自从1922年利普曼提出了"公众对公共事务评价"(Lippmann,1922)概念以来,公共服务满意度研究开始受到关注。学者们按照不同的影响因素层次,将公共服务满意度影响因素研究划分为三个类别:个体层面因素、结构层面因素和整合型因素。

一 个体层面因素

与结构层面和整合型因素相比,个体层面的因素仍然是学者们关注的焦点。回顾现有的公共服务满意度评价相关文献和研究,可以将影响公共服务满意度的因素广义地分为三类:个人特征、绩效类因素和非绩效类因素。个体特征包括个人统计学特征,如年龄和性别。绩效类因素主要指与公共服务直接相关的因素,如公共服务质量和可及性。非绩效类因素指与公共服务水平无直接关系的因素,如个体认知、态度和情感等。从现有的研究来看,绩效类因素是公共管理学界研究较多的因素。

首先,个体特征与公共服务满意度的关系最早受到学者们关注。个体特征反映的是个人自然或社会属性的综合概念。由于特殊的经济制度以及多样化的种族结构,西方学者们更关注经济水平、教育水平、阶层以及种族等个人特征因素对公共服务满意度的影响。社会经济地位是反映个体阶层差异的概念,理论上,较高社会经济地位的个体拥有更充足的经济和社会资本,更可能享用甚至影响政府的公共服务,因此具有更高的公共服务满意度。Kelly(2003)利用1999年国际城市管理协会(ICMA)的调查数据分析了社会经济地位与警务和火警两类公共服务满意度的关系。与已有研究在个体层面证实两者间正向关系的结论相悖的是,在城市层面,社会经济地位与公共服务满意度之间没有显著关系。此外,不少研究表明,黑人对公共服务质量的评价远远低于白人(Aberbach,Walker,1970;Brown,Coulter,1983)。Stipak(1983)基于1973年洛杉矶城市区域调查(LAMAS)的研究发现,公共服务满意度在人口统计学变量上存在显著差异,种族和年龄显著影响个体的警务服务满意度。相比黑人和低年龄段(18—29岁)的个体,白人和年龄越大的个体表现出更高的警务服务满意度(Stipak,1983;Aberbach,Jack Walker,1970;Brown,Coulter,1983)。

其次,个体层面的绩效类因素主要集中在个体的服务经历,绩效感知程度对公共服务满意度的影响。该类研究的理论预设公众都是理性人,会按照体验或感知公共服务满足自身需求的程度进行客观评价(Van der Walle,Bouckaert,2003)。在服务经历方面,公共服务满意度取决于公共服务类型,服务绩效以及更广泛的社会环境(Kelly,Swindell,2003)。一方面,个体的公共服务体验能够提升公共服务的满意度(Brown,Coulter,1983;Hero,Durand,1985;Kelly,Swindell,2002),例如程序公平性(Berg,Dahl,2019;Van Ryzin,2011)、服务承载的价值(Gooby,Wallace,2009)以及服务的合作生产(Fledderus et al.,2014)等。另一方面,也有研究发现,服务体验并不一定会带来更高的公共服务满意度(Roth,MacIntosh,1990)。Cluzel,Sibony(2001)的研究则发现,公众对司法系统较低的满意度归因于司法系统的运作方式。在主观绩效感知方面，顾客满意度模型提供了理论视角：公众对公共服务的满意度是质量感知、服务感知、价值感知等服务相关因素互动产生的结果。

近些年，期望不一致理论将期望引入绩效感知与满意度评价关系中，认为满意度产生于体验服务后的绩效感知和体验前的期望形成的落差。当落差为正（绩效感知高于期望），导致较高的满意度，而负落差导致较低的满意度（Oliver, 1980）。这一理论在公共管理领域得到大量验证（Roch, Poister, 2006; Van Ryzin, 2013）。有学者也认为期望本身也是公共服务满意度的重要来源。实证研究发现，高期望既存在提升效应（Morgeson et al., 2011; Van Ryzin, 2004, 2006; Van-Ryzin et al., 2004），也会起到削弱作用（James, 2009; Poister, Thomas, 2011）。但不少学者提出，与公共服务绩效感知相比，期望并非影响公共服务满意度的关键变量，因此建议政府应该将精力主要放在公共服务供给本身，而非管理公众的期望（Forrest, Claudia, 2011; Van, Ryzin 2007; Van Ryzin et al., 2004; Yang, Holzer, 2006）。近些年，基于消费主义（Consumerism）的公共服务绩效，因其偏离了公众作为整体的利益偏好，一定程度背离了政府的公共价值取向（Denhardt, Denhardt, 2003; Jones, Needham, 2008），引起了公共管理学界的反思（Barnes, Prior, 1995; Kelly, 2005; Martin, Webb, 2009）。因此，可及性、普惠性、平等性等指标在公共服务满意度研究中受到关注。例如，社会福利服务的可及性会影响对社会福利服务的满意度（Rhee, Rha, 2009）。

最后，非绩效性因素对公共服务满意度的影响至关重要，虽然这种影响比绩效类因素更为"隐形"。例如，在犬儒主义者看来，政府的腐败和无能是与生俱来的（Johnson, 1993）。这些潜在的意识和观念很大程度上影响着他们对政府及公共服务的评价。Pérez

(2010)的实证研究发现,个人对拉美裔移民的态度能够预测他们对各种移民政策的支持度。跨国实证研究发现,自由市场倾向越高的国家,公众对政府的公共服务评价越低(Ariely,2011)。而在地方公共服务方面,意识形态(自由主义—保守主义)、对于警察角色的认知显著影响公众对警察绩效的评价(Marion,West,2007),城市的整体安全感作为情境性因素也会影响公众的警务服务满意度(Kelly,2003)。在医疗公共服务满意度研究中,公众的医疗责任自我归因意识(Munro et al.,2015)、平等主义价值观(Missinne et al.,2013)都会产生影响。Munro等(2015)的研究表明,公众对医生非道德行为的感知对其满意度的作用最大,这反映出"信任危机"的破坏性影响。在社会互动中,认同是形成、维持、更迭和重塑主观世界的关键因素(Berger,Luckmann,1967)。由于不是所有人都会直接接触特定的公共服务,因此他们对公共服务的评价通常是在与相关社会群体的社会互动中形成的,受整体社会环境的影响(Christenson,Taylor,1983)。

除了政治心理因素,社会心理同样会影响个体的公共服务满意度。Brehm和Rahn(1997)的研究发现,人际信任对个体对政府机构、国会以及联邦政府最高法院的信心有着正向影响。Hawdon(2008)的研究表明,邻里社会信任水平影响居民对警察的看法。也有学者从社会资本理论出发,认为高社会资本的个体能够获得更多的资源和信息,更可能享受充足、优质的公共服务,对政府工作的评价也更高。Huckfeldt等(2000)基于德国、日本和美国的调查数据发现,社会资本能够提升个体的政治信息交流和政治知识,这种长期形成的"人际依赖"型塑着个体对政府公共服务的态度。

近些年,行为公共管理学逐渐兴起,开始关注非绩效类因素对公共服务满意度的影响。人们对绩效信息的态度不仅仅是短暂的,而且受到其根深蒂固的内隐态度的影响。Marvel(2016)的实验研究发现，个体的反公共部门偏见（Antipublic Sector Bias）要比绩效信息更能影响他们对公共部门的评价。Sebastian（2019）构建了政府满意度的党派认知偏差模型（Partisan Bias Model），并利用双重差分法（Difference in Difference，DID）实证分析了荷兰两次普选，研究发现，相比未变化者（支持的政党在选举前后的执政权未发生变化），选举获胜者（支持的政党在选举后获得执政权）的政府满意度会提升10%—13%，而选举失败者（支持的政党在选举后未获得执政权）的政府满意度则会降低3%—6%。

二 结构层面因素

结构层面因素可分为客观绩效类和宏观环境类因素两大类别。

首先，客观绩效类研究关注政府公共服务资源投入、输出、效果等客观绩效因素对公共服务满意度的影响。然而，有关政府公共服务供给能否提高公众满意度一直是学界争论的焦点。早期的实证研究发现客观绩效并不能够显著影响个体的公共服务满意度。Stipak（1976）以洛杉矶城区为研究对象，发现大部分客观公共服务供给对个体公共服务满意度没有显著影响。Brown 和 Coulter（1983）通过分析阿拉巴马市的调查数据，发现警务服务的数量和质量与公众感知到的服务数量和质量没有显著相关性。也有研究发现，客观公共交通绩效与主观公共交通满意度之间也不存在显著相关性（Friman，Fellesson，2009）。

然而，两者间的正向关系在近些年的实证研究中得以印证。Swindell 和 Kelly（2002）以警察服务、消防和紧急医疗服务、道路维修服务、公园和休闲服务为例，基于美国13个城市的数据分析发现，部分客观公共服务绩效与公众满意度显著相关。Cheon 等（2019）利用2013年美国4大医疗机构调查数据，分析了患者的医疗服务质量感知与一系列客观医院绩效指标的关系，发现不论是人际关怀质量还是服务过程质量,客观绩效与患者满意度在不同的诊疗类型具有很高的契合性。Van Ryzin（2008）以纽约市街道环卫服务为例,发现以结果类指标为衡量依据的客观绩效与公众主观评价之间存在明确的关系。Charbo-nneau 和 Van Ryzin（2012）以纽约市的公共教育为例,发现家长对学校的教育满意度与政府机构对学校教育绩效的客观评价非常接近。此外,有研究基于 Williams（1971）的社会接触模型展开实证研究,发现居住在高公共服务水平社区的居民对政府及其公共服务的评价也更高（Bolotin, Cingranelli, 1983; Lineberry, 1977）。

其次,在宏观环境类研究方面,国外学者们除了关注政府绩效管理（Tobin, Lee, 2012）之外,还关注了地区人口规模（Mouritzen, 1989; Saheim, Fjermeros, 1997; Sune, 2015）以及政府架构等因素对公共服务满意度的影响。Grosso 和 Ryzin（2012）使用1996 年和 2002 年欧洲晴雨表的数据,比较英国与其他欧盟国家的公众在医疗服务满意度以及对健康状况的认知差异及其影响因素。结果表明,新公共管理改革（NPM）确实提高了公众的医疗服务满意度,改革前后的满意度和感知在统计上存在显著差异,证明了英国 NPM 改革的有效性。Sune（2015）利用重复和截面双重调查数据,探究了城市人口数量与个体公共服务满意度的关系,发现丹麦城市人口数量的增加会降低个体对地方政府的公共服务（Local Service）、地区民主（Local Democracy）以及问题处理能力（Problem Solving）的满意度。横截面数据分析结果还表明,由于城市合并（Municipal Merger）导致的人口增加显著降低了个体的满意度评价（Sune, 2015）。

三 整合型因素

Ryzin 构建了综合的影响因素模型（见图 2-1）。他通过综合组织绩效模型、美国消费者满意度模型（ACSI）以及 EVLN（Exit, Voice, Loyalty, Neglect）模型，构建了公共服务满意度的整合分析框架（Ryzin, 2007）。第一个环节是公共管理者通过丰富多样的行动策略影响客观绩效（A→B）；接下来，公众体验或感知这些客观绩效结果（B→C），但公众会或可能会由于各种原因，不能与客观绩效完全契合；之后，公众的绩效感知在经过认知处理后形成满意度评价（C→D），这一过程涉及各维度公共服务绩效感知以及绩效感知与期望不一致（Dis-confirmation）的影响；最后，公众的满意度评价会影响对政府的信任以及退出或抱怨等行为（D→E）。值得注意的是，虽然该模型强调了从左到右流动的因果链条，但用虚线表示了概念间很可能存在反向因果关系，并且公众的绩效感知，满意度以及信任也可能受到更多外部因素的影响，例如个人背景特征，社会背景，媒体和政治意识形态等。

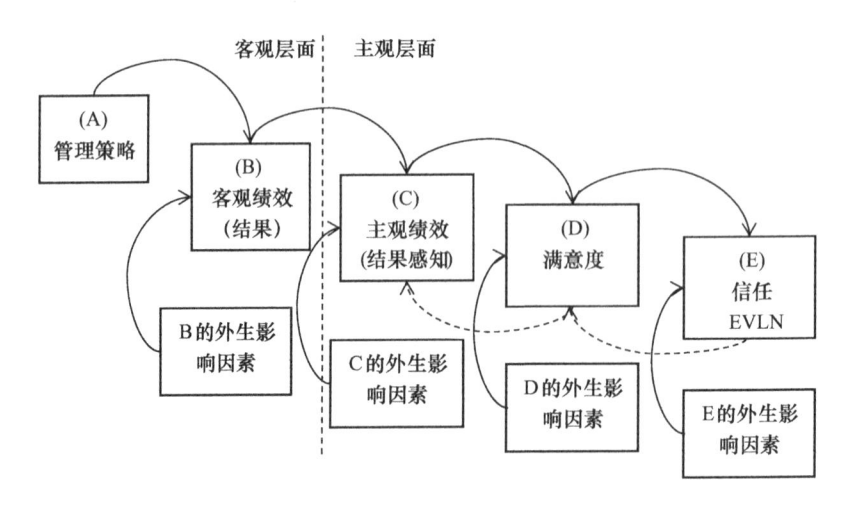

图 2-1 概念框架：政府绩效，公众满意度和信任

资料来源：Gregg, G., Van, Ryzin. (2007), "Pieces of a Puzzle: Linking Government Performance, Citizen Satisfaction, and Trust", *Public Performance & Management Review*, 30 (4), pp. 521-535.

第二节 国内研究进展

21世纪初,通过借鉴国外各类顾客满意度理论,国内学者也开启了公共服务满意度的研究,并且越来越呈现出多样化的趋势。本研究依然从个体层面、结构层面和整合型因素展开介绍。

一 个体层面因素

与国外部分的研究综述一致,国内研究公共服务满意度的个体层面因素也分为三类:个人特征、绩效类因素以及非绩效类因素。

首先,个体特征如收入、性别、年龄、教育水平、婚姻状况和社会经济地位一直是国内学界关注的焦点。一项调查发现,收入水平与公众满意度呈倒U形关系,从事工作稳定、收入更高职业的个体具有更高的公众满意度(郑方辉、王琲,2008)。类似的实证研究表明,收入水平越高的个体,总体政府满意度越高,职业声望越高的个体也表现出更高的政府满意度(杜兴洋、刘灵丽,2018)。然而,这一结论在全国样本研究中并未得到证实,周长城和徐鹏(2014)利用全国抽样调查的数据,发现包括收入水平、教育程度以及工作类型等社会地位因素对其政府工作满意度的影响则并不明显,拥有较高社会地位的村镇居民也不一定对政府工作有较高的满意度。

其次,绩效类因素也是国内学者关注的核心影响因素。20世纪初,发达国家的顾客满意度模型开始被国内学者关注(吴建南、庄秋爽,2004),出现了不少的实证研究(朱国玮,2007;蒋冬青、姜原成,2009)。刘武(2008)的博士学位论文较为系统地研究公共服务满意度,在借鉴顾客满意度和期望不一致理论的基础上,构建了顾客期望、感知质量、顾客抱怨以及顾客信任为主要变量的公共服务满意度模型，研究了政府服务、医疗卫生、公共教育、公共交通和社会保障 5 类公共服务满意度的心理因素；结果表明除了就业服务满意度，其他模型各结构变量中感知质量对满意度的正向影响最大，而顾客期望和组织形象对顾客满意的影响具有行业异质性；在医疗卫生服务满意度方面，期望、感知质量和感知价值均正向影响医疗卫生满意度，其中感知质量的影响最大。同样地，学者们也将顾客满意度模型应用在不同地域、不同行业，例如地方政府满意度（郑方辉，2008）、电子政务满意度（刘燕、陈英武，2006；焦微玲，2007；陈岚，2009）、政府改革（尹青林，2016）、农村精准扶贫（郑烨等，2018）等。尹青林（2016）以美国政府公共服务满意度模型（ACSI）为基础，运用结构方程模型，研究了顺德区大部制改革前后的公共服务满意度，发现影响最大的是感知质量和感知价值，其次是公共信息，期望对公共服务满意度的影响程度最低。余兴厚和熊兴（2018）以公共产品理论为依据，通过对三峡库区 829 份调查问卷的实证分析，发现居民个体感知的公共服务效用水平越高，其公共服务满意度越高。

最后，非绩效类因素对公共服务满意度具有型塑作用。国内学者研究该主题时更多偏向于单纯的变量关系，较少涉及深层次的理论建构。冯菲和钟杨（2016）在对 10 个城市的电话调查中发现，外部政治效能感、政治兴趣对政府的固有态度均对公共服务满意度有正向影响。姬生翔和姜流（2017）在全国性调查数据中研究了社会地位、政府角色认知与公共服务满意度的关系，发现民众赞同"大政府"的倾向越强，其公共服务满意度越高。社会资本也能够影响公众对公共服务的满意度评价。周长城和徐鹏（2014）发现，个体的政府依从感和社会公平感越高，对政府公共服务满意度也越高，而官员负面形象认知则能显著降低村镇居民的公共服务满意度。罗家德等人（2014）在分析 2012 年汶川震后调查数据时发现，关系型社会资本和结构型社会资本对各个层级的政府满意度均有显著影响，认知型社会资本仅对高层政府满意度有显著影响，个人社会资本对基层政府满意度有显著影响。裴志军和陶思佳（2018）的研究提出了一个悖论，即政府绩效提高后仍有公众给政府"差评"。他们认为社会资本能够有效解释这一现象，实证结果显示，村民的社会资本和其基层政府评价正相关，生活满意度在这一关系中起到了中介作用。官永彬（2015）认为，公众参与是居民公共服务满意度的主要促增因素，地方政府在民生相关的公共服务供给过程中扩大公众参与程度，将显著提升辖区居民对地方政府公共服务的满意度水平。此外，也有学者关注了个体生活对公共服务满意度的影响。例如，感知生活水平和预期生活水平能显著提升政府工作满意度（陈世香、谢秋山，2014；周长城、徐鹏，2014）。

二 结构层面因素

近些年来，国内学者开始关注结构层面因素与公共服务满意度的关系，同样可分为客观绩效类和宏观环境类因素。

首先，客观绩效类因素。与国外的研究结论类似，国内的实证研究得出了三种结论：有影响、部分影响以及没影响。一些研究表明客观绩效对公共服务满意度有积极效应，例如曾莉（2013）的研究发现，H市基层警察服务绩效评价对公众的主观评价结果具有显著影响，在具体维度上也存在差异。此外，政府的环境绩效和公共安全绩效对公众满意度也有积极影响（李文彬、何达基，2016）。这种积极效应在部分城市的公共服务领域得到了证实，例如体育服务（纪江明，2015）、社会保障（纪江明，2014）、公共教育（纪江明、葛羽屏，2015）、医疗保障（纪江明、胡伟，2015；严洁，2010）。但是，不同维度客观绩效与公共服务满意度的关系存在差异。效果类绩效可能比投入类绩效更能赢得公众的满意，王欢明、诸大建和马永驰（2015）的研究发现，IOO 模型（Input-Output-Outcome）下，结果类绩效能够显著影响公共服务满意度。郭凤林和沈明明（2014）的研究发现，中央和地方的分工差异也会导致同样的公共服务绩效对中央和地方政府满意度有所不同，公共服务绩效对中央政府满意度的影响较小，对地方政府满意度的影响较大。然而，还有不少研究发现客观绩效和公众满意度毫无关系。例如，陆奇斌等人（2010）采用路径分析方法，以某受灾城镇 492 名居民为研究对象，结果显示应急处置阶段的基层政府绩效对受灾群众的满意度没有直接影响，说明主客观评价不一定契合。冯菲和钟杨（2016）通过电话问卷调查对 10 个城市的公共服务满意度进行了测评，并研究了公共服务的人均财政投入与公众满意度之间的关系，结果发现二者之间不存在显著相关性。这个结论在全国范围内也得到了验证。高琳（2012）的实证研究发现，县级人均医疗支出虽然能够提高公共服务的客观绩效，但并不能显著提高公众的公共服务满意度。

其次，宏观环境类因素越来越受到国内学者的重视。其中，政府信息公开最为引人注目。吴进进和于文轩（2017）以 36 个主要城市为研究样本，运用宏微观交互多层线性模型，检验了城市政府财政透明度对市民政府信任的影响及其条件。研究结果显示，市级政府财政透明度与市民政府信任度呈现显著的正相关关系；并且，教育程度对财政透明度与政府信任的关系具有显著的负向调节效应，高教育程度者对财政透明度的预期更高，而随着公众教育程度的提高，财政透明度对政府信任的正面影响逐渐减弱。除了政府财政透明度外，政府绩效管理（Liang Ma, 2017）、财政分权（王永莉等，2015；高琳，2012）以及公众参与政府绩效评估（马亮，2018）等因素也能提升公众的公共服务满意度。

三 整合型因素

国内学者也开始注意到公共服务满意度的复杂形成过程,尝试构建整合性解释框架,但仅局限于"文献综述式"的影响因素梳理。贾奇凡、尹泽轩和周洁(2018)认为行为公共管理学为探讨公共服务满意度形成机制提供了条件,提出"政府行为—公民体验"双轮模型,将政府满意度的影响因素归纳为以下三个方面:政府层面、公民层面以及政府—公民互动层面(见图2-2)。

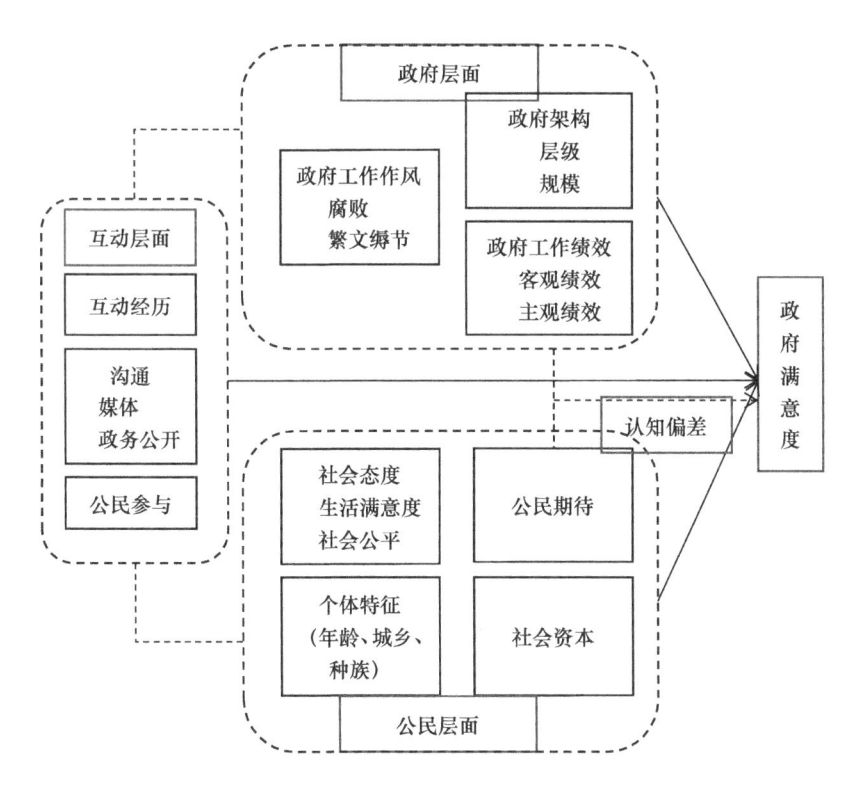

图2-2 政府满意度的影响因素模型

资料来源:贾奇凡、尹泽轩、周洁:《行为公共管理学视角下公众的政府满意度:概念、测量及影响因素》,《公共行政评论》2018年第1期。

第三节　研究评述

当前公共服务满意度的影响因素研究呈现出多元化的发展趋势，涉及领域也愈加广泛。这些领域既包括整体层面的公共服务，也包括细分的公共服务领域，如公共教育、医疗卫生、社会保障、体育公共服务、警务服务、电子政务等。从研究类型看，学者们分别从个体层面、结构层面和整合型因素探究了公共服务满意度的影响因素。在个体层面，学者们关注了绩效类因素和非绩效类因素两个细类。绩效类因素主要从理性人视角出发，探讨了个体服务经历、主观绩效感知对公共服务满意度的影响。非绩效类因素主要以非理性人假设为基础，探究个体认知、社会心理等因素对公共服务满意度的影响。结构层面因素包括了客观绩效因素和宏观环境因素两大类别。前者以组织绩效模型为基础，探究政府客观的公共服务绩效与公共服务满意度的关系；后者基于公共管理的相关理论（如财政分权理论、公众参与理论等），研究宏观环境对公共服务满意度的影响。整合型研究分为理论建构和实证检验两类，前者力图构建影响公共服务满意度的综合影响因素模型；后者关注公共服务满意度的复杂形成机制，尤其是政府客观绩效与公共服务满意度的联结机制。从研究来源看，国外研究整体上要比国内研究更为系统，并逐渐形成从跨学科视角研究公共服务满意度的趋势，而国内研究跨学科探索仍显不足。从研究深度看，国外研究也更为注重公共服务满意度的形成机制，例如客观绩效和主观满意度的联结等，而国内研究主要关注直接效应，鲜有关注机制问题。此外，国外学者开始运用整合型框架进行实证研究，而国内实证研究大多局限在单一维度。

虽然国内外学者们对公共服务满意度进行了大量研究，但仍然存在以下不足。第一，现有研究发现客观绩效与公共服务满意度存在三种不同关系：相关、不相关和负相关。这需要用更为科学的测量方式和研究方法探究二者的关系。第二，公共服务满意度的影响因素非常复杂，理性人假设下的理论模型认为主客观绩效是公共服务满意度的关键因素，而基于非理性人的理论模型则认为自身情绪、信仰、态度以及环境等因素会让个体对公共服务的评价出现失真现象，进而陷入认知偏差。然而，在单个研究中，这些因素是否会共同发挥作用以及各类因素存在何种作用机制仍然无法获知。因此，需要构建整合型框架更为系统、完整地研究公共服务满意度。第三，虽然少部分学者关注到了影响机制问题，有部分研究回答了"如何影响"，即通过何种路径影响（中介路径），而忽视了"在何种条件下影响"，即变量间关系的情境性问题（交互效应）。但公共服务满意度的复杂性使得我们不得不考虑在不同的情境下，变量间关系的异质性。例如，绩效水平对公共服务满意度的影响是否会因个体非理性因素的不同而有所不同？如果答案是肯定的，那么一味地把公众对公共服务的不满归咎于政府的公共服务绩效水平不足就显得有些片面。第四，虽然跨层研究开始引起公共管理学界的关注，但仍少有学者采用跨层分析方法研究公共服务满意度。而多层线性模型能够在很大程度上避免已有研究通过平均方式构建整合满意度引起的生态谬误（Ecological Fallacy），更能保证宏观变量影响个体变量的准确性，这为探究客观公共服务绩效与个体公共服务满意度的关系创造了极佳条件。第五，大多数国内研究仅仅局限在个别城市或地区，这难免导致研究结论的"以偏概全"，缺乏"普适性"。

综上，本研究将采用全国抽样调查和城市统计的匹配性数据，以多层线性模型为方法，从有限理性切入，探究包括城市层面的客观绩效和个体层面的绩效感知在内的绩效类因素，以及由政府角色认知和社会信任引致的"角色"和"信任"认知偏差对公共服务满意度的影响及其机制。一是要构建更加完整的解释框架,更为全面地理解公共服务满意度的影响因素和作用机制;二是据此更为具体地提出提升公共服务满意度的行动策略。

第三章 概念界定与理论基础

在以上章节，本研究回顾了公共服务满意度及其影响因素的研究现状。通过划分影响因素的个体、结构和整合三个层面，分别展示了国内外学者已有的研究成果。在充分肯定这些文献具有巨大启发价值的基础上，本研究指出了现有研究在理论基础、机制探讨和研究方法等方面可能存在的不足和缺陷，并据此提出了公共服务满意度可以进一步研究的余地和空间。接下来的章节将通过对公共服务满意度相关理论的深度梳理，建构本研究的理论架构，为后续具体研究框架的提出奠定基础。不过，在此之前，非常有必要厘清和界定本研究涉及的核心变量的概念和意涵。这也是任何科学研究和理论建构的起点，更是学界达成共识性认知的基础。

第一节 概念界定

概念（concept），又被称为认知标识（cognitive symbols）或抽象术语（abstract term），是对真实世界中特定现象的特征和属性的抽象表达，用来与其他相关现象进行区分（Podsakoff et al., 2016）。由于社会科学尤其是公共管理学科的理论宏大性和现实的复杂性，研究中涉及的概念界定、核心变量的内涵及其结构划分很难达成一个普遍公认或统一的标准。一般来说，研究者往往是在已有理论和研究的框架内,根据自身研究需要,针对核心概念进行清晰、明确、合理的界定。本研究核心变量分为结果变量和前因变量,前者是公共服务满意度,后者包括了客观绩效、主观绩效感知,以及引致认知偏差的非理性因素。在界定本研究的因变量公共服务满意度之前,有必要先了解何为公共服务。

一 公共服务

目前,学术界对公共服务的阐释可分为两种类型:公共产品视角下的公共服务和作为政府职能的公共服务。

一是公共产品视角下的公共服务。该观点认为公共服务属于公共产品范畴,理解何为公共产品是界定公共服务的前提和基础。公共产品是相对私人产品而言的,指的是每个人消费这种物品或劳务不会导致别人对该种产品消费受损的物品或劳务。按照著名经济学家萨穆尔森的观点,公共产品具有显著不同的三个特征,效用的不可分割性、消费的非竞争性和受益的非排他性(Samuelson, 1954)。公共产品又分为纯公共产品和准公共产品。在现实经济社会活动中,能够充分满足公共产品三大特征的公共产品并不多见,绝大多数是介于私人产品和纯公共产品之间的准公共产品。准公共产品有着复杂的属性,通常并非完全由政府机构承担供给。为了提高公共资源的使用效率,政府通常会采取市场化的供应方式,或是通过公私合作的形式提供公共产品。公共服务的定义至今仍存在清晰和模糊之争。较为清晰的公共服务界定主要源自以上谈及的经济学领域的公共产品理论,认为公共服务指的是由法律授权的政府和非政府公共组织以及有关工商企业在纯粹公共物品、混合性公共物品以及特殊私人物品的生产和供给中所承担的职责(马庆钰,2005)。也有学者侧重公共产品理论中公共需求的重要性,认为公共服务是政府为满足社会公共需要和实现公共利益而提供的产品与服务的总称

(郁建兴、吴玉霞，2009）。

二是基于政府职能视角的公共服务。与经济学视角相比，政治学和公共管理学的研究者们对公共服务的理解更为抽象。这些学者批判了仅从经济属性看待公共服务的视角，认为这一视角具有片面性，忽视了公共服务的政治和社会属性。这些学者强调公共资源配置的均等性和公平性，而非仅限于提供什么、提供多少和由谁提供的问题（黄新华，2014）。最具代表性的是新公共服务理论的创始人登哈特夫妇对公共服务的理解，他们认为公共服务追求经济、效率和效益等价值，但应该置于由民主、社区和公共利益构成的更大环境中（珍妮特·登哈特、罗伯特·登哈特，2004）。公共服务不仅包括物质产品，也包括民主、公平、责任、效能、廉洁等精神产品（黄新华，2014）。从服务过程的角度，有学者认为公共服务是以公共利益为目的、提供各种物品的动态行为过程（杜万松，2011）。从政府行为和职能的角度，公共服务是政府公职人员运用公共权力从事各项工作的所有活动和行为，包括宏观经济调控、市场监管以及维护社会秩序等（薛澜、李宇环，2014）。然而，对于公共服务的定义，存在不同的观点和争议。一些学者认为公共服务只是政府的一项职能，而非政府所有行动，形成了狭义的公共服务（安体富、任强，2007）。其他学者则将公共服务扩展到包含政府以财政支出的方式向社会提供的教育文化、医疗卫生和社会保障等服务，或将其限定在社会性和民生类政府行为，认为公共服务是建立在一定社会共识基础上，由政府主导提供的，与经济社会发展水平和阶段相适应，旨在保障全体公众生存和发展需求的社会性服务（李拓，2017）。

通过以上回顾，我们可以发现，目前学界对于公共服务仍存在着巨大的学科差异和狭义与广义之争（姜晓萍、陈朝兵，2018）。但这无疑增加了学界对于公共服务的核心概念、内容构成和外延范围达成共识的可能性。不过，无论是经济学界还是政治学、公共管理学界，学者们对公共服务的核心内容达成了一些共识，比如满足公共需求尤其是民生需求就得到了学者们普遍认同。这些公共服务在我国公共管理实践领域，被称为基本公共服务，主要是政府为保障居民基本生活而承担的各项服务职能。党的十九大报告指出，"完善公共服务体系，保障群众基本生活，不断满足人民日益增长的美好生活需要"。因此，通过综合学界对公共服务的阐释以及我国公共服务实践的实际情况，本研究将公共服务界定为：为了满足社会公众基本的公共需要，维护基本的公共利益，由公共部门主要负责供给的公共产品或服务的总称。具体而言，本研究中的公共服务包括公共教育、医疗卫生、文化体育、劳动就业、社会保障和基础设施等6个类别[①]。

二 公共服务满意度

在阐述了公共服务的概念后，理解何为满意以及何为满意度成为公共服务满意度的关键。根据《辞海》的解释，满意是指"合意、快意"，出自汪藻的诗作《晚发吴城山》。而《现代汉语词典》

---

① 需要说明的是，本研究的公共服务指的是基本公共服务。而国家关于基本公共服务种类是随着时间推移发生变化的。在2010年中共中央出台的《关于制定国民经济和社会发展第十二个五年规划的建议》中，基本公共服务包括了最低生活保障、基本养老保险、住房保障、社会救济、基本医疗、公共教育和就业服务等7个类别。2012年，国务院印发的《国家基本公共服务体系"十二五"规划》做了相应变动，基本公共服务囊括了基本公共教育、劳动就业服务、社会保险、基本社会服务、基本医疗卫生、人口和计划生育、基本住房保障、公共文化体育和残疾人基本公共服务等9个类别。到了2018年，中共中央办公厅和国务院办公厅印发《关于建立健全基本公共服务标准体系的指导意见》将基本公共服务调整为幼有所育、学有所教、劳有所得、病有所医、老有所养、住有所居、弱有所扶以及优军服务保障、文体服务保障等9个方面。由此看来，公共服务包括的具体类别在不同时期有不同的内容，而考虑到2013年的中国综合社会调查（CGSS 2013）中涉及的公共服务类别以及与其相匹配的城市层面客观绩效的数据可得性，最终促使本研究仅选择了包括公共教育、医疗卫生、文化体育等在内的6个公共服务类别。

中的满意则指"满足自己的愿望、符合自己的心意"。从认知心理学的角度来看，满意是一种心理状态，是一个人对于一种关系或事物质量的主观评价。Cardozo（1965）将满意的概念引入市场营销领域，这概念引发了学术界对顾客满意度的研究热潮。满意度建立在满意的基础上，英文中被翻译为"degree of satisfaction"，并通过定量的方式进行衡量。这一概念主要源于市场营销学的顾客满意度模型，但是即便是在市场营销领域，对于何为满意度仍然形成了不完全一致的认知。例如，有学者认为满意度是消费者对所付出的代价与所得到的收益的合理性进行判断的心理状态（Howard，Jagdish，1969）。同时，也有学者认为顾客满意度是一种经由经验与评估而产生的过程。然而，被学界普遍认可和广泛使用的是 Oliver（1980）对满意度的定义。在其提出的期望不一致模型（Expectancy Disconfirmation Model）中，将满意度界定为顾客的需求被满足后的愉悦感，是顾客对产品或服务的事前期望与实际使用产品或服务后所得到实际感受的相对关系。换而言之，消费市场中顾客满意度的产生不仅受制于消费产品或体验的质量如何，也取决于顾客期望，即体验感知和期望之间的一致性程度。如果两者一致性程度高，那么顾客满意度也就越高，反之亦然（Churchill，Surprenant，1982）。

随着20世纪七八十年代新公共管理浪潮的兴起，许多国家的政府部门在公共管理尤其是公共服务领域引入了顾客满意度模型，用以评估各个部门的工作绩效，并基于顾客满意度提出政府满意度、公众满意度、公共服务满意度等类似概念。这些概念与顾客满意度在理念和内涵上具有一致性，只是两者评估主体的范围不同，前者的评价主体是社会公众，后者则是消费者。因此，按照顾客满意度模型对满意度的定义，可以将公共服务满意度界定为：社会公众的公共需求尤其是民生需求被满足后的愉悦程度，是公众的公共服务期望与实际公共服务体验的相对差异产生的心理状态（Van Ryzin，2006；Morgeson，2014；Collins et al.，2019）。这一界定被国内外学者应用在了诸多公共服务领域，比如公共教育（Jacobsen，2009；Van Ryzin et al.，2004）、医疗卫生（Grosso，Van Ryzin，2012）、警察服务、公共交通（Friman，Fellesson，2009）、环境保护（林挺进，2015；孙宗锋，2018）。

三 公共服务中的绩效

"绩效"一词在公共管理中的流行起源于对传统官僚体制的批判性反思。20世纪七八十年代，与政府部门的低效率、繁文缛节和腐败相比，市场中企业的资源配置效率明显更高。在这种背景下，以美国为首的发达国家采用科学管理中的效率理念改造公共部门。绩效评价首先关注"效率"。作为一个经济学概念，效率一般指的是帕累托效率，用来衡量投入和产出关系，单位成本就是最常见的效率指标（张培则，1997）。帕累托效率是生产要素的价值重新配置，已经不可能使任何一个人的处境变好，而不使另一个人的处境变坏。简单来说，效率评价的核心理念就是充分利用现有人力、物力、财力等资源，争取以最小的投入获得最大的收益，是一种资源配置的理想状态。虽然效率评价能够衡量组织"是否做了正确的事"，但却无法回答"这个事本身是否正确"。因此，不少学者提出绩效评价取代单一标准的效率评价，绩效评价不仅强调效率，更强调成绩和效果（Dong，Yang，2016；Neely，1999），从而更为全面、系统地考量组织行为。

在20世纪70年代末，英国撒切尔政府引领了一场重要的绩效改革，将绩效评价理念引入公共部门。这场改革强调政府质量和结果有效性，基于效率的考虑，提出了3E绩效评价体系，即经济性（Economy）、效率（Efficiency）和有效性（Effectiveness）。其中，经济性与支出水平密切相关，衡量供给效果所消耗的资源；效率包括两个方面，一是衡量投入与产出的对比关系（龚璞、杨永恒，2017），二是政府回应公共需求的配置效率（Jackson，1988）。有效性则是指产品和服务实现政策目标的程度，如学生成绩和就业率等。有学者认为，政府的绩效评估应当包括公正性这一维度（Rothstein，Teorell，2008），因此提出了 4E 模型（Norman-Major，2011）。但是，与私人部门不同，公共组织的绩效评价不仅限于财务标准上的简单对比，应当考虑更多因素。因此，学界普遍采用 IOO 模型来评估政府绩效，包括三个内容：投入（Input）、产出（Output）和结果（Outcome）（Boyne，2002）。IOO 模型囊括了 3E 模型的全部内容，还体现出如下的独特优势：一是将产出和结果提升至中心地位，产出包括服务的数量和质量，结果不仅局限于有效性，更关注产品或服务所产生的积极或消极后果，同时也纳入了公平性指标。二是模型将投入和结果有效联结起来，用来测度成本有效性，如单位成本所产出的结果等。虽然后来有学者扩展和改造了 IOO 模型，前部增加了需要、环境和目标三个维度，后部增加了政府公信力作为结果（Bouckaert，Halligan，2008），但由于并未对添加要素进行深入分析，也就没能引起学界的广泛应用。

按照这样的理论逻辑和评价标准，作为一项基本的政府职能以及获得执政合法性的主要手段，公共服务绩效理应是经济属性和政治属性的有机结合。按照经典的 3E 和 IOO 的整合绩效评价模型，公共服务中的绩效可以理解为各级政府在提供公共服务和管理社会公共事务中所取得的成绩、结果和效益（倪星，2007）。这个评价模型包括了产出、效率和服务结果三个方面。产出指的是公共服务的数量和质量；效率指的是产出的单位成本；服务结果包括了公共服务的有效性、积极影响以及公平性。需要注意的是，公共服务绩效往往涉及多元甚至相互冲突的组织目标。因此，绩效评估应该尽可能涵盖多元利益群体，既要考察政府内部公共服务供给的产出和效率，也要重视作为服务接受方的社会公众是否感知到公共服务的结果和效益（Boyne，2004）。因此，本研究从供给方和接受方双重维度衡量公共服务绩效，通过引入客观绩效和主观绩效感知两种方式，规避了单一维度的片面性，能够全面反映公共服务绩效。客观绩效是所在城市政府各类公共服务供给的产出效果，以政府发布的官方统计数据为表征，比如每万人医生数、每万人教师数等（陈硕，2010；傅勇，2010；马亮，2013）。主观绩效感知借鉴自市场营销学顾客满意度模型中的感知绩效，关注公众个体感受到的公共服务水平，包括对公共服务资源的便利性、均衡性以及可及性的感知。需要指出的是，顾客满意度模型中的感知绩效着眼于商品的消费者，认为评价主体必须是购买服务的顾客，但由于公共服务本身是服务于整个社会的公共利益，只关注有限的服务消费者有悖于公共服务的公共性，这就要求公共服务的绩效评价主体不能仅局限在公共服务的直接体验者，而要扩展到整个社会公众。

四 认知偏差

本研究旨在探讨公共服务满意度的认知偏差效应，即分析公共服务满意度是否及如何受到个体非理性因素的影响。近些年，理解社会生活中的认知偏差是社会学界尤其是经济学、管理学和社会学关注的焦点。人的认知之所以会产生偏差，其原因是人脑拥有不同的认知系统，并且由于环境复杂性、信息不完全等因素的制约，不同的认知系统之间存在着冲突和不一致，外显于个人的显性态度和行为决策（Wilkinson，Klaes，2012）。Agerstorm 和 Rooth（2011）的研究显示，当人事经理对肥胖人员存在消极的内隐态度时，就不可能邀请肥胖者参加面试。也有研究发现，个体的反生产行为受到自身内隐态度的影响（Kenneth，Zhou，2014）。在公共生活当中，美国人的潜意识里将政府普遍视为浪费和无效率的,这种潜意识成为他们判断公共服务水平的重要认知锚点(Marvel,2016)。综上所述,认知偏差指的是在主体与客体相互影响的环境中,主体对客体的判断和评价受到非理性、反逻辑认知推论的影响,进而产生与客体实际特征之间存在的某种差异或是偏离客观规律的认知结果。比如,刻板印象、晕轮效应、投射效应、首因效应、近因效应等。

第二节 理论基础

一 基于"理性人"假设的理论模型

"理性人"假设视角下的理论模型的潜在意涵是,社会公众是充满理智的经济决策主体,能够从自身效用最大化的角度进行理性判断。因此,该人性假设下的理论集中关注了绩效类因素对公共服务满意度的影响。

(一)绩效感知类模型

所谓绩效感知模型,主要是从心理感知层面来寻找公共服务满意度的原因,即个体对公共服务一系列特征的感知水平对其公共服务满意度的影响,以形式多样的顾客满意度理论以及期望不一致理论最为典型。

1. 顾客满意度理论(Consumer Satisfaction Index)

英国学者边沁(Bentham)早在1802年就开始关注顾客满意度问题。然而直到1965年,卡多佐(Cardozo)才将这一理念引用到市场营销领域。后来,费耐尔(Fornell)在1989年提出了费耐尔模型,该模型由顾客期望、质量感知、购买价格等多个维度因素组成,并最终提出了顾客满意度指数(Customer Satisfaction Index,CSI)(Fornell,1991)。随后,许多国家如瑞典、美国、德国、韩国、加拿大等,逐渐建立了顾客满意度模型,以评估不同行业顾客对企业提供的产品或服务的满意程度。在 20 世纪 80 年代，受到新公共管理运动浪潮的影响，许多国家政府开始通过引入顾客满意度模型来评估公共服务质量。例如，自 1999 年起，美国联邦政府开始使用 ACSI 模型来测评公众对政府服务的满意度；而澳大利亚政府则几乎在所有公共服务领域使用顾客满意度模型。相比之下，我国的顾客满意度模型应用主要集中在市场和学术领域，政府部门的引入还不够充分。虽然美国、欧洲许多国家、韩国以及我国不少科研机构纷纷开发了顾客满意度模型，但它们的基本结构都大同小异。其中，美国顾客满意度模型（ACSI）被广泛应用（Fornell, 1992）（见图 3 - 1）。

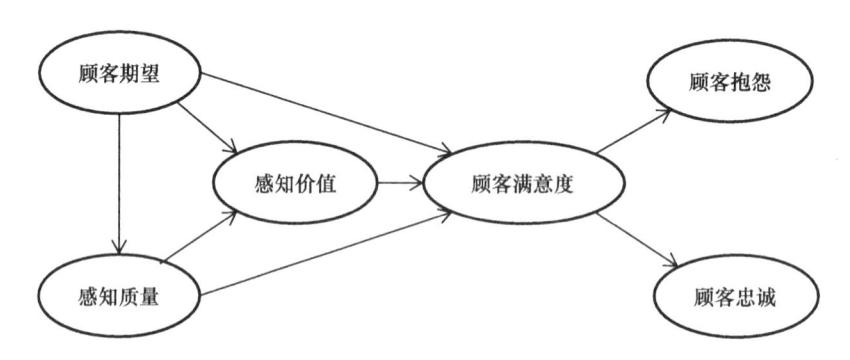

图 3 - 1 美国顾客满意度模型

2. 期望不一致理论（Expectancy Disconfirmation Theory）

该理论最早可追溯到学者 Hovland 等（1957），集大成者当属学者 Oliver（1980）。Vroom（1964）将期望理论（Expectancy Theory）用于研究员工的工作动机，将个体的行为动机与期望相连接，为期望进入满意度研究提供了思想来源。期望不一致理论包括四大变量：期望、绩效感知、不一致以及顾客满意度。其中，不一致指的是顾客实际绩效感知与在产品体验前持有的期望所形成的差异。在公共管理领域内，这一理论体现为公众的公共服务满意度受期望、公共服务绩效感知、不一致三个因素的影响，其影响公众满意度的形式和作用力又是多样的。模型中，公众满意度受到期望、绩效感知的独立影响，也受制于绩效感知与期望间的差异所形成的不一致。当不一致为正时，导致公众满意；当不一致为负时，导致公众不满意；当不一致为零时，导致公众适度满意。近些年，期望在公共服务满意度研究中的应用也受到批评，这其中，内生性问题最为突出。大多数基于期望不一致理论的研究或明或暗地认为期望具有外生性（Van, Ryzin, 2004；Morgeson, 2013；Jacobscn et al., 2015），但这一假设一直受到学界的质疑。不少实证研究发现，在持续性服务体验中，期望与先前的满意度和绩效感知密切相关，也就是说，期望是建立在以往服务体验基础之上，而非独立的外生变量（Clow et al., 1997；Devlin et al., 2002；Mitra, Golder, 2006；James, 2011）。在公共服务领域，也有研究利用多期调查数据分析了先前满意度与期望的关系，结果同样表明，即使控制了绩效感知，两者仍存在显著正相关关系，因此期望并非外生变量，而在截面数据中应用期望不一致理论要慎重（Hjortskov, 2016）。具体模型见图 3-2。

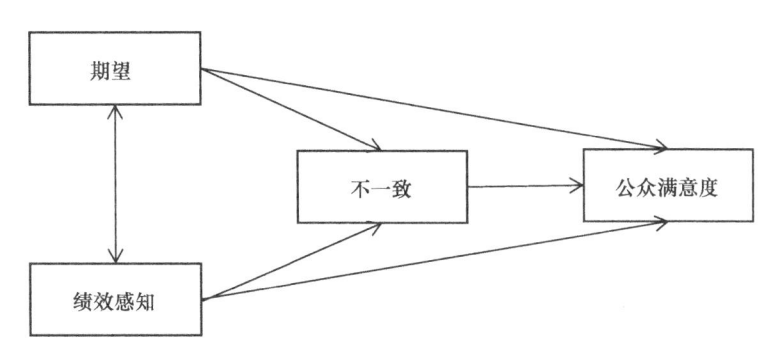

图 3-2 期望不一致模型

资料来源：G., G., Van, Ryzin, Expections Performance, and Citizen Satisfaction with Urban Services Journal of policy analysis and management, 23（2）：433-438.

(二) 客观绩效类模型

1. 组织绩效模型

该模型的前提假设是个体的公共服务评价是政府公共服务绩效的主观映射,即客观绩效越好,个体的公共服务满意度越高,而低客观绩效则会导致公众对公共服务的不满(Newton, Norris, 2000)。然而,由于信息不对称,个体并不能够准确感知到客观公共服务水平,导致客观绩效和主观评价不一致现象普遍存在。为了探究客观绩效对主观评价的影响,有学者提出了"主客联结"模型(Subjective-Objective Linkages Model),提出个体的公共服务体验是联结客观绩效与公共服务评价的中间变量。Stipak(1977)的实证研究发现,个体的警务服务评价与地区的犯罪率或警务资金投入没有关系;同样地,可及性(最近公园的距离)及资源投入(人均公园和娱乐工作人员及运营投入)并不会提高个体对公园和娱乐服务的评价。因此,政府力图通过提升客观公共服务绩效提升公众满意度的作用有限(Newton, Norris, 2000)。但实证研究发现,增加巡逻警察数量会提高个体的巡逻次数感知,并且减少回应时间感知,进而正向影响个体对警务服务速度的评价(见图 3-3)(Parks, 1984)。

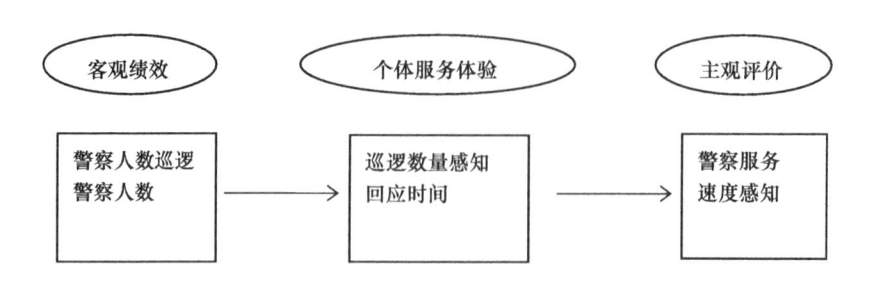

图 3-3 "主客联结"模型

资料来源:Parks R., B. (1984), Linking Objectiue and Subjectiue Measures of Performance Public Administration Roview, 44 (2): 118-127。

2. 坎贝尔模型（Campbell Model）

坎贝尔模型提供了理解公共服务满意度的"主客联结"机制的理论依据。该模型虽然主要用于社区层面，但它建立了社区的客观属性与公众社会满意度之间的联系（Campbell et al.，1976）（见图 3-4）。社区满意度来源于居民对客观属性的感知和评价，包括居住环境、邻里关系和住宅设施等。根据不同的维度将客观属性划分为社区、邻里和住宅的属性，这些客观属性是感知和评价的来源。感知和评价是客观属性和社区满意度的中介变量，而社区满意度进一步影响居民的迁移意向。该模型还关注了个体特征在社区满意度形成中的调节效应。个体差异导致居民对相同社区客观属性的感知和评价不同，因此即使居住在恶劣条件下的居民也能满足于他们的生活环境。总的来说，该模型的主要价值在于揭示了社区满意度的复杂形成机制，即社区客观特征通过影响居民的主观感知和评价来影响社区满意度，而这些主观感知和评价以及社区满意度也受到个体特征的影响。因此，在研究社区满意度的影响因素时必须充分考

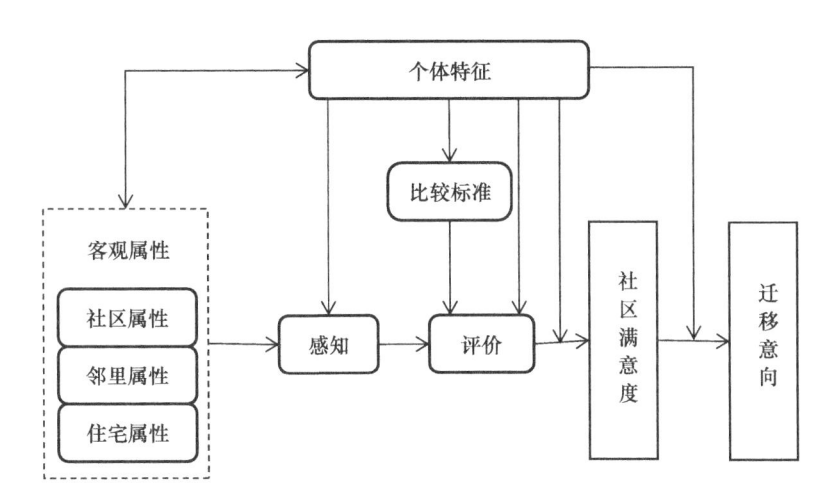

图 3-4 坎贝尔模型

资料来源：Campbell et al.（1976）。

虑这些机制，否则会低估客观特征对个体社区满意度的作用，从而错误地引导实践（袁媛等，2018）。

二 基于"非理性人"假设的理论模型

著名的公共管理学者赫伯特·西蒙（Herbert Simon）和德怀特·沃尔多（Dwight Waldo）等反复强调了个人心理研究在公共管理研究中的重要性（Simon，1965；Waldo，1948）。他们的核心理念在于个人决策和行为是有限理性的，人的认知和态度受到非理性因素的制约和影响。这一视角对公共服务满意度研究的意义在于，个体对公共服务的态度受制于赖以生存的社会环境，以及由此形成的一系列观念。绩效类因素可能并不是公众满意度评价的唯一判断依据，而受到个人心理和认知、社会环境以及文化传统等非绩效因素的影响。

近几十年公共管理学科的跨专业、跨学科发展路径为非理性或有限理性视角的引入提供了契机。在公共服务满意度研究兴起之初，政治学和社会学家就注意到社会性因素的型塑作用（Christenson，Taylor，1983），象征性理论、社会资本理论逐渐开始被用于公共服务满意度研究中。近年来，行为公共管理学（Behavioral Public Administration，PBA）的兴起再次将公共服务满意度评价存在的有限理性推至新的高潮。行为公共管理的核心理念是借鉴已有的最新心理和行为知识，从微观角度对公共管理活动中的个人行为和态度进行跨学科分析（Grimmelikhuijsen et al.，2017）。公共服务满意度是行为公共管理学关注的焦点之一，借鉴认知失调理论（Cognitive Dissonance Theroy）的核心理念，力图揭示公共服务满意度评价存在的非理性认知现象。

（一）认知失调理论（Cognitive Dissonance Theroy）

1. 认知失调理论的发展沿革

作为认知心理学和社会心理学中重要的研究领域，许多心理学家提出了各种各样的理论来解释人类心理态度的形成和改变的原因和过程，美国著名心理学家费斯汀格于1957年提出的认知失调理论便是其中之一。认知失调理论主要有两个理论源头：格式塔心理学和勒温的场动力理论（马德峰，1994）。格式塔心理学兴起于20世纪20—30年代的德国，主张人类态度和行为的决定因素不是所处的客观环境，而是取决于人对客观环境的感知。客观环境与个人对客观环境的感知也不完全一致，因为在与客观环境的互动过程中，人类并不总是处于被动消极的接受状态，反而时常是通过知觉组织，积极主动地与客观环境产生互动，进而形成自己完整化认知。格式塔心理学代表人物韦特海默等学者认为，完整化是人在知觉过程中的特点，追求事物结构的完整性。知觉对象通常由许多部分组成，各部分具有不同的特征。由于完整性机制的存在，大脑并不孤立地反映这些部分属性，而是把它们结合成某个整体或完整形态。这种完整形态不仅仅是各部分要素之间的简单相加，而是经由知觉组织从原有构成成分中"凸显"出来的全新整体（Hergenhahn，Henley，2014）。例如，三条直线组成了三角形，但三角形所具有的属性并不是三条直线属性的简单相加，而是增加了新的属性，如三角形具有平面性，三条直线则不具备平面性。因此，三角形作为一个整体性质就大于三条直线之和。这种主动建构环境的普遍存在影响着人们对客观环境的认知，型塑着各自的行为方式。格式塔心理学流派极大地启发了费斯汀格对人类认知模式和态度改变的认识，并成为认知失调理论的先导。

美国社会心理学家库尔特·勒温（Kurt Lewin）提出的场动力理论对认知失调理论产生了直接而重要的影响。相较于正统的格式塔心理学，勒温的场动力理论更注重于需要、动机和意志对社会行为的影响，摆脱了过度关注人的知觉过程的局限。在勒温的场动力理论中，"场"具有动力性和交互性，个体内在"心理场"存在需求时就会产生内部力场的张力，即"紧张系统"（Lewin, 1935; 张学良等, 2017）。勒温认为，生活空间内的个体通常会产生心理上的紧张或张力，因为他们的身心需要与发展愿望往往不一致。个体通常倾向于不断消除或缓解自身的心理张力，以实现心理平衡。在紧张性力场下，个体需要不断调整身心状态、认知理念、动机水平、行为意愿等，以更好地适应环境，达到个体内在心理和外部环境的和谐状态。个体行为动力的产生源自对心理失衡的不断消解和对多方平衡的持续追求（Lewin, 1951）。正是吸收了场动力理论的这一思想，费斯汀格提出了著名的认知失调理论。

  沿着勒温的场动力理论，费斯汀格认为，个体的认知结构中的一致性或不一致性是由个体的心理意义决定的，而不是客观逻辑支配的结果。因此，认知的一致与否并不决定于其是否符合客观逻辑，而是取决于个体的心理逻辑（景敏, 2006）。在此基础上，认知失调理论被提出来解释人的态度变化过程。据费斯汀格的假设，人类认知体系中本能的存在一种一致或平衡倾向，一旦出现不一致或不平衡，这种本能的倾向被打破，由此便产生了认知失调（景敏, 2006）。在此种假定基础上，利昂·费斯汀格（Leon Festinger）在 1957 提出了认知失调理论。他认为人类认知体系中本能的存在一种一致或平衡倾向，一旦出现不一致或不平衡，这种本能的倾向被打破，由此便产生了认知失调。为了避免认知失调导致的心理不适，人们的认知机能自动形成了一种减少失调和避免增加失调的压力，这种压力所产生的结果从认知的改变、行为的改变、选择性地接触信息和观点上表现出来（项光勤, 2010）。面对与已有信仰冲突的时候会进入心理不适状态，个体倾向于按照与已有观念或信仰体系相一致的方向接受新信息，以恢复内心平衡（Festinger, 1957）。

  认知失调产生的条件。认知失调理论认为，人的认知被定义为认知结构中的"要素",即一个要素就是一个认知。认知可以是一个人对自己的行为、心理状态、人格特征的认识,也可以是对外部客观事物的认识(景敏,2006)。这些认知元素可以是事实、信仰、见解等。但是,若某种事实尽管存在,但个体并没有意识到,那就不能成为一个人的认知。这些认知元素之间有些是相互独立的,有些是相互关联的,形成了纷杂多样、彼此交错的复杂关系。费斯汀格进一步将认知元素相互间的关系划分为三种类型:一是两个关联元素之间不相干,两者没有任何联系,例如,"我爱吃包子"与"我热爱足球"之间没有任何关系;二是认知元素相互关联,并且呈协调关系,此时两种元素之间呈现出一致性,例如,"我喜欢吃水果"与"水果有益健康"之间呈现出一致性;三是两个关联因素之间呈不协调关系,例如,"我抽烟对健康有害"与"我每天都抽烟"之间呈现出不协调关系。当人们的认知体系内呈协调关系时,就会设法保持这种协调关系,避免接触与已有认知因素相矛盾的信息。当人们的认知体系内发生了不协调,就会设法去减轻或解除这种不协调状态,而当人们无法减轻或解除不协调状态时,就可能产生认知失调。认知失调的产生条件包括:(1)两个认知要素之间呈不协调关系;(2)认知要素与个体的价值观、自我形象等核心要素发生冲突;(3)认知要素的改变对个体的行为、情感等方面产生了显著的影响(周灼维,2006)。

2. 政治学研究中的认知失调

人类认知失调不仅存在于个人的行为和态度中,也同样发生在对公共事务的态度、判断及由此产生的行为上。这种认知失调与问题判断所需的理性程度密切相关。当人们在面对复杂、不确定的、缺乏现成算法的问题时,人们不是严格理性地收集所有信息并进行客观分析和概率计算,而是试图在头脑中"寻找捷径",依靠直觉或以往的经验完成决策和判断(陈庭强、王冀宁,2011)。面对复杂的公共事务问题时，信息本就不充分，增加了采取思维捷径进行决策的可能，大大提高了人们经历认知失调的可能性。而为了缓解认知失调带来的不愉悦，人们会想方设法让自身信仰与现实的公共服务场景相协调。比如，有实证研究发现，党派认同就深刻型塑着人的公共行为和对政策的支持度，威权主义倾向越强的居民往往越会支持政府负责提供老年、健康和事业福利再分配政策（Arikan, Eser, 2019）。

相比于公共管理学科，认知失调理论在政治学领域尤其是政治心理学和政治传播学中受到了更早和更广泛的关注和应用。这些应用主要体现在三个方面，即框架效应、启动效应和动机性推理。其中，最受广泛关注的是框架效应①。框架效应在微观层面力图解释个体的政治态度和行为形成过程中，思维和媒介框架所发挥的作用。一般来说，公众头脑中已经储存了某些价值信念，例如自由平等、女权主义等。当针对某一公共议题做出判断或决策时，特定的信念被自动激活，或者在媒体等外界信息输入之后，与这些思维框架产生互动，从而激活某种信念，进而影响公众对公共议题的认知和判断。基于此，政治学领域中的框架效应的核心观点是：公众内心深处的政治倾向、党派偏见、政治态度以及对某些或某一类议题形成的主导性、方向性和先验性的价值判断或信念体系，会通过选择性信息描述机制来凸显该议题的特定方面或属性，并且会潜移默

---

① 按照马德勇（2018）的划分，在政治学界，学者们对框架效应这一术语存在两种意义不同的解读：第一种是由新闻媒体主导的传播框架（frame in communication）或媒体框架（media frame），指的是媒体、政客等发言人在向受众复述某一个议题或事件时所使用的措辞、形象、短语和表述风格。比如讨论对"是否应允许三K党游行"的相关议题时，是强调公民的自由权利还是强调社会的公共秩序。第二种是在思维框架（frame in thought）或者个体框架（individual frame）的意义上。指受众会相信或者偏爱一项议题中某一方面的属性。比如在关于"是否应允许三K党游行"的议题中，受众偏好公民自由还是社会秩序。本研究所指的框架效应是后者，也就是微观个体层面的框架效应。

化地影响人们对导致该议题相关因素的归因，进而加固了人们对某一类公共议题或问题给予更加确定性的归因解释、意见态度和道德评估（Robert，1993）。

启动效应（Priming Effect）是政治学界关注的一个重要问题。该效应指通过改变或凸显某些特定议题的出现频次和比重，以调控公众对公共场域中某类议题或意见的关注度，从而影响他们对公共事务和政府部门的判断和评价。聂静虹（2012）指出，社会公众的认知受到了外界信息不均等的"暗示"，从而导致他们将某个特定议题作为评价领导人和政府的标尺，从而产生启动效应。马得勇和张志原（2017）在中国网民调查数据的基础上，研究了公共舆论的结构和影响因素，并发现当前网络公共舆论在结构上呈现同质化倾向，即网民群体在一系列政治、社会议题上都出现了基于意识形态立场的态度分化。尽管信息接收在多数政治社会类议题上对公众的态度具有统计上的显著影响，但相对于威权人格而言，其影响力更弱。这说明当舆论态度与左右意识形态立场高度重合时，人们判断一项议题或事件就可能更多地依赖于已有的信念而非与事实相关的信息。

动机性推理（Motivated Reasoning）是近些年应用较多的理论。它指的是当人们对一个问题有着先入为主的偏见时，通常会下意识地通过各种方式证明这个偏见的正确性，从而陷入非理性的思考之中。动机性推理的前提和基础是，那些持久稳固且预先设定的观念和信条潜在支配着人们的认知和行为。在这一基本假设之上，动机性推理包括诸多细分机制，包括情感偏差、确认偏差和选择支持偏差。一是情感偏差（Emotional Bias）指人们运用自身的好恶、经验、直觉和感性对不确定事件进行判断与决策的倾向。这是由于基于情感的认知是一种心理捷径，使人快速有效地基于当前情绪做出决策和解决问题，缩短了决策周期，使人无须完成广泛深入的信息收集与处理即可运作。因此对于一个有待思考的新问题，人们会下意识地运用自身已有的情感性评价，而不是完全依靠客观事实与规律进行决策和认知，使得情感偏差往往会导致严重的非理性后果。大量研究表明，当面对具有争议性问题或者党派归属有明显分歧时，人们会想方设法地寻找决策的捷径，更会遵循他们的所归属党派的框架，同时也倾向于驳斥甚至反对反对派的框架，此时党派动机推理的影响最大（Slothuus, Vreese, 2010）。也有研究通过调查美国422个高中生，发现个体政治兴趣和政治效能感能够显著预测个体的政治参与动机（Levy, Akiva, 2019）。二是确认偏差（Confirmation Bias）强调先入为主信息的重要性，一旦形成对某人或某事物的初步意见，就很难改变，会选择性地回忆、搜集有利细节，而忽略不利或矛盾的信息，来支持已有的想法或假设。这种认知偏差又被称为合理化（Rationalization）、锚定偏差（Anchoring Bias）。当个体在面对与自己既定的信念或政治立场相一致的信息时会更倾向于相信或赞同，而面对与自己既定的信念或政治立场不相一致的信息时，倾向于将这些信息视为虚假信息（即使这些信息事实上是真实的）（马得勇，2018）。Jilke 和 Baekgaard（2019）的实证研究发现，如果公共服务的责任归属于党派相匹配的政治领导人，公众对市政服务的评价会更高；进一步分析发现，当市政领导者对公共服务的职责明确且没有扩散到多个参与者之间时，就会出现党派偏见，揭示了党派偏见影响公众满意度的可能机制。三是选择支持偏差（Choice-supportive Bias），即一旦人选择了某一事物或想法，便倾向于支持这一选择，即使其存在明显的缺陷和不足，也就是说，如果一个人选择选项A而不是选项B，可能忽略或淡化选项A的不利因素，同时放大或渲染选项B的有利因素。此外，动机性推理也包括了聚类错觉（Clustering Illusion）、诱饵效应（Decoy Effect）等机制。

3. 公共管理研究中的认知失调

公共管理学是建立在政治学、管理学、经济学等学科基础之上的，然而在理解人的心理和行为方面却显得滞后于其他学科。直到近些年，行为经济学的兴起开始借鉴政治心理学的研究基础，关注公共管理领域中人的认知、心理和行为，并由此引申出行为公共管理学。类似于政治心理学和行为经济学，行为公共管理学主张从心理学和社会心理学的视角去理解社会公众的公共态度和行为，强调将心理学中的相关理论应用到传统公共管理研究领域中（Grimmelikhuijsen et al.，2017）。其核心理念是现实生活中的公众是社会人，他们的行为受到自身思维、社会规范以及社会环境的影响，使得其决策并非总是"理性"的。

公共管理领域中的认知偏差效应可以追溯至有限理性理论。赫伯特·西蒙（Herbent Simon）认为人类的理性是一种介于完全理性和完全非理性之间的有限理性。这种有限理性是由于决策所需信息的不完全性或信息处理困难所造成的。因此，在决策过程中，人们并非追求"最优"或"最大化"的标准，而是"满意"的标准（西蒙，1991）。在信息处理方面，由于情境的影响，人们往往使用"非理性系统"进行加工，因此理性判断的作用在这里极其有限。著名心理学家丹尼尔·卡尼曼（Daniel Kahneman）和阿莫斯·特沃斯基（Amos Tversky）对"非理性系统"进行了深入研究，他们认为人类的大脑存在两种不同的系统，这两种系统决定了不同的思维模式。其中，系统1的运行是无意识且快速的，不需要太多的思考和感知，处于自主控制状态。例如，当听到巨响时，人们会本能地望向声源所在的方向。而系统2则需要进行思考和注意力转移，通常与行为、选择和专注等主观体验相关联，例如进行复杂的数字计算（周丽玲，2013）。在一般决策过程中，系统1处于自主运行的状态，而系统2则仅有部分功能参与。从两大系统的关系来看，系统1负责为系统2提供印象、直觉、意向和感觉等决策信息。通常情况下，系统2会毫无保留地接受系统1的信息输入。由于无意识状态的强大驱动力，人们的决策往往会表现出偏离理性决策的现象。例如，个体会以已经形成的刻板印象作为判断的基础，倾向于按照过去的或类似的情境对决策情形进行分类。在进行概率高低判断时，人们可能会扩大或过度相信过去事件重新发生的可能性，从而形成刻板印象（Tversky，Kahneman，1971）。此外，人类的决策还存在着惯性思维、光环效应、特例效应、损失厌恶、小数法则、相关性错觉以及由种类繁多的情绪引致的认知偏差现象（张结海、张玲，2003）。

近些年，越来越多公共管理学者将认知失调理论引入公共管理研究领域。Battaglio等（2019）通过对109篇行为公共管理相关论文的系统性综述，发现公共管理学界主要关注了一系列可观察的认知偏差效应，包括易得性（accessibility）、损失规避（loss aversion）和过度自信/乐观主义（overconfidence/optimism）等三种潜在认知偏差来源；比较后发现，锚定偏差、可用性偏差和确认偏差受到最多关注，而在有关损失规避的研究中，负面偏差占据主导地位。虽然认知偏差效应在公共管理研究中仍处于起步阶段，但个体对公共事务的理解、态度以及公共行为偏离理性的现象是普遍存在的。认知偏差效应既会影响个体对政府绩效的认知、评价和态度（Hvidman，2019），也会深刻地塑造公共组织或公共生活中的个体行为。有研究发现，当个体认为组织公民行为是更好的行为时，就越有可能表现出这种行为，而且这种关系受到积极情绪的调节。当积极情绪水平较高时，组织公民行为不受内隐态度的影响，始终保持在较高水平（周颖，2017）。这进一步说明认知偏差对公共行为的重要影响。

虽然学术界尚未就认知偏差的来源达成共识，但普遍流行的文化信念被认为是人们出现认知偏差的重要来源。内隐态度是环境联想的结果,即个体的态度是基于所在社会环境的主观映射,人际互动、族群效应、文化风俗以及社会规范等社会环境对内隐态度形成的关键作用(Karpinski,Hilton,2001)。例如,不同党派支持者之间经常就主要公共服务的形式和范围展开激烈的辩论,这就为党派动机推理影响公众对公共服务和政府政策的态度和评价创造了宏观背景(James,Van Ryzin,2016)。因此,建构在宏观社会环境的象征性态度成为公众评价公共服务的重要认知来源。

(二)象征性理论(Symbolic Theory)

象征性理论认为,如果脱离了社会文化背景和潜在受众的价值观,公共服务也就失去了意义(Christenson,Taylor,1983;Brown,Coulter,1983)。随着年龄的增长,人们的政治态度会逐渐形成并趋于稳定,这些稳定的态度被称为象征性倾向,包括政治意识形态、政党认同和种族偏见等(Sears,1993)。象征性倾向深刻塑造着个体的投票行为和对政策的态度(Sears et al.,1980)。象征性态度不仅限于政治生活,也反映在个体的社会态度中,这种"社会建构"效应在公众对政府的评价和公共服务满意度研究中也被广泛使用。例如,Durkheim(1933)认为,犯罪是一种违反社会集体道德的行为,而惩罚的主要目的是提升规范共识、恢复社会团结和保持社会凝聚力,个体对犯罪和政府安全防控的态度是其社会态度的一种体现。实证研究表明,邻里社区的信任程度会影响居民对警察的认知和看法,而社会网络和凝聚力也会影响个体对犯罪和刑罚的态度(Hawdon,2008)。因此,诸如政治态度、政治效能感、社会价值观等社会文化性因素会进入个体的判断过程,影响其对公共服务的评价。

近年来,人们普遍重视信任作为长期社会互动的结果对个体行为、合作选择以及社会秩序的影响。信任能够促使人们在相互关系中愿意承担一定的风险（Mayer，Davis，Schoolman，1995）。许多学者认为，信任在现代社会更具价值，是促成集体行动的基础（孟天广、马全军，2011）。信任不仅有利于提升企业的经济收益（边燕杰、丘海雄，2000），也对国家政治发展具有积极效应（Putnam，1993）。以信任为核心的认知型社会资本有利于道德、规范和契约等社会规范的形成，而社会性规范有助于政治宽容（Almond，Verba，1963）。此外，信任作为认知型社会资本与结构型社会资本可以互相转化。前者能够通过后者影响个体的公共服务接触度，进而影响他们对公共服务的评价。此外，纽顿与泽米勒提出的"胜者假说"（Winner Hypothesis）认为，普遍信任度高的个体往往具有较高的经济、政治和社会地位，是社会的胜者阶层，政府对其诉求的回应度也更高，进而更能满足他们对政府行为的心理预期（Zmerli，Newton，2008）。同时，结构型社会资本同样可以提升认知型社会资本。例如，参与社会团体或民间组织能够增进个体的社会信任。而社会信任的提升会投射至政治系统，提高政治信任，推动民众对政府执政能力的善意评断，降低对政府行为的苛责（张会芸，2017）。

三 有限理性：解释公共服务满意度的整合框架

近年来，公共服务满意度的研究呈现出从理性行为人视角向有限理性行为人视角转变的趋势。有限理性是一种现实模式，是个人决策的一种常见方式。这种模式的根源在于理性人假设和社会人假设的结合。尽管有限理性视角下公共服务满意度的研究已经有所增加，但整体而言，这类研究仍占比较少的部分。大部分研究目前仍处于对有限理性表现的归纳总结阶段，而对于理性和非理性两个理论视角对个体公共服务满意度的系统性解释的研究则更为少见。产生这一现象的原因有以下几方面。

第一，基于理性人假设模型的结论本身就缺乏系统性。理性人视角下的组织绩效理论认为公共服务满意度来源于政府客观的公共服务绩效，而顾客满意度模型则认为主观绩效感知才是公共服务满意度的核心预测变量。尽管以上两大理论视角从宏观和微观层面揭示了公共服务满意度的影响因素，对公众的公共服务满意度评价具有指导性的意义，但现有研究往往将这两大视角分裂开来使用，难以对公共服务满意度形成全面的理解。因此，即便是在理性人假设视角下的理论研究也未能形成公共服务满意度整体性和系统性的框架，限制了对公共服务满意度的深入认识和探索。

第二，虽然人们的公共服务满意度评价是有限理性的，但是仅从绩效类因素或非绩效类因素独立地作为公共服务满意度的解释变量，其解释能力将大打折扣。这是因为人的认知是复杂的。"有限理性"不仅表现出"非理性"的一面，也表现出"理性"的一面，具有多面性。隐性态度是造成公共服务满意度出现认知偏差的重要原因，但仅从非理性的角度出发，必将降低对满意度评价的解释力。并且在实际研究中，学者们倾向于采用实验的方法对这些规律进行验证。虽然实验方法更利于因果推断，公共服务满意度的认知偏差效应也不断被证实，但被"操纵"的实验环境往往难以在现实公共管理场景中重现，并且被试群体较为有限，也弱化了对公共服务满意度的真实描述和解释能力。

第三，更为重要的是，当前有限理性视角下的公共服务满意度理论各有侧重，难以形成较为全面的评价。"理性人"视角下的制度绩效理论和顾客满意度模型共同影响着人们的公共服务体验，同时对公共服务满意度评价产生影响。然而，这些理论都只是独立地揭示了客观绩效和主观绩效感知对公共服务满意度的影响及作用方式，未考虑到许多非理性因素特别是人们的心理因素对认知偏差的影响，因此缺乏全面性。同时，基于非理性因素的理论模型虽然从不同的视角揭示了人们并不只是依据其公共服务获得的数量和质量进行理性评价，而是受到认知局限的型塑，但这些理论缺乏系统性。实际上，人们往往不是完全理性或完全非理性的，而是两者相互作用、彼此耦合的结果，即有限理性人。但现有研究往往局限在理性人或非理性人的分离视角，割裂了真实情境下人的认知特征。因此，需要更深入地探究两种"人性假设"是否共同以及如何交互影响人们的公共服务满意度评价。

著名心理学家格雷戈里·J. 费斯特（Gregory J. Feist）提出了判断一个理论价值大小的标准。他认为，一个有用的理论应该具备整合已知观察和经验的能力，同时启发新的研究。换句话说，理论建构的有用性关键在于它能够激发和延伸更丰富可检验的假设的程度，但这取决于它能整合现有理论和知识的程度，而非与现有理论一致性的程度。因此，为了克服公共服务满意度理论和实证研究碎片化的不足，需要将理性和有限理性视角下的理论相结合，采用更合适的研究方法，构建一个更全面、更具解释力的机制模型。这种做法在现实和理论上都有基础。一方面，公众的公共服务满意度已成为提高政府公共服务绩效、转变政府职能、提升治理效能的重要着力点。另一方面，有限理性假设的理论模型和实证研究已经明确了公共服务满意度的复杂形成机制，但缺乏全面性和系统性。为了避免这些理论模型和实证研究的相对片面性，新的研究框架需要在理论视角和实践解释之间达成更好的平衡。

因此，本研究将采用有限理性的视角，综合理性选择理论下的组织绩效理论、顾客满意度模型和坎贝尔模型，以及非理性人假设下的认知失调理论、象征性理论等为理论基础，旨在构建一个更为一般性的公共服务满意度理论框架。同时，我们将结合已有的公共服务满意度实证研究以及本研究所掌握的宏观城市统计数据和微观问卷调查数据，以确定影响公共服务满意度的关键变量，从而构建公共服务满意度形成的理论框架。

首先，本研究通过整合理性人和非理性人假设双重视角下的相关理论，旨在构建更为一般性的公共服务满意度理论框架。理性人假设下的制度绩效理论和顾客满意度模型等强调客观绩效或主观绩效感知对公共服务满意度的影响。而认知失调理论和象征性理论等则认为非绩效类因素会影响个体对公共服务满意度的评价。仅从一种理论视角出发难以全面解释公共服务满意度的复杂影响因素及其形成机制，因此有必要将公共服务满意度置于有限理性的综合性视角下，以系统解释公共服务满意度的形成机制。

其次，本研究的理论基础包括两大层面的理性视角下的理论，即宏观层面的制度绩效理论和以顾客满意度为代表的微观层面的理论。组织绩效理论更侧重于解释宏观情境下个体的公共服务满意度，强调个体所属地区或所体验到的客观公共服务对公共服务满意度的影响。而顾客满意度模型和期望不一致理论则更关注个体主观的绩效感知。尽管两者对影响个体公共服务满意度的因素关注的层次有所不同，但实际上都强调绩效水平对公共服务满意度的影响。本研究以这两个理论为基础，确定影响个体公共服务满意度的绩效类因素及其操作化方法。同时，鉴于公共服务满意度的复杂性，本研究将绩效分为宏观城市层面的客观绩效和微观个体层面的主观绩效感知，并研究这些绩效类因素对公共服务满意度的影响及其作用机制。

最后，本研究的理论基础也同时包含两个非理性视角下的理论，分别是认知失调理论和象征性理论。认知失调理论认为人类倾向于在内心世界中达到无矛盾的协调状态，但由于客观现实的制约，这一目标很难实现。该理论揭示了人们对社会现象的认知存在偏差效应，尤其是在微观层面上的认知偏差。不同于认知失调理论，象征性理论和社会资本理论关注宏观"社会建构"视角，强调个体对政府行为的看法和评价是基于对所处社会文化环境的认知加工基础上完成的。这表明在个体特征与多样的环境互动过程中形成的信念、态度和情感体系是认知偏差产生的重要来源。基于此，本研究以认知失调理论为基础，探究个体公共服务满意度的认知偏差效应；同时，象征性理论为本研究提供了理论依据，以便抽取具体的非理性变量。

基于以上分析，本研究将公共服务满意度置于有限理性人的视角下进行综合解释。该框架构建了一个基于理性人假设下绩效相关因素和基于非理性假设下的认知偏差因素的公共服务满意度整合理论模型（见图 3-5），其中单箭头虚线部分表示模型的理论基础，双箭头实线部分表示不同理论假设下各因素的交互效应。公共服务满意度的形成涉及人类两种不同的思维认知机制。一方面，作为理性人的存在，公众会在社会决策过程中引入收益最大化原则作为评价公共服务有效性的思维工具，这类符合理性人假设的因素被统称为绩效相关因素。另一方面，非理性因素会导致人们对公共服务的评价出现认知不协调，这就使得公众在评价公共服务过程中难以完全服从理性推理，进而引致非理性的认知偏差。公共服务满意度是理性和非理性因素共同作用的结果。这两种作用路径并不独立，而是存在交互效应，即对于不同路径因素各个水平之间反应量的差异随其他路径因素的不同水平而发生变化的现象。本研究对公共服务满意度展开细致研究，为理解公共服务满意度形成机制提供了新的视角。

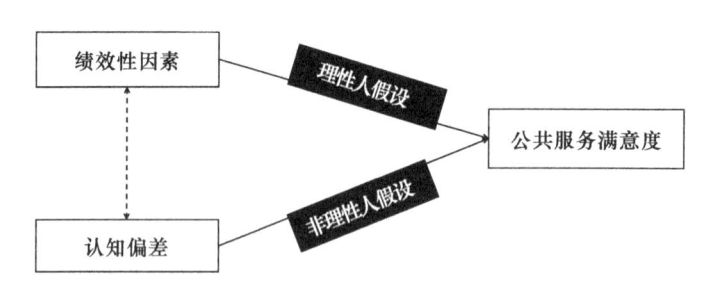

图 3-5　本研究理论框架

资料来源：笔者自制。

第四章 研究设计

不论是定量研究抑或是定性研究,研究设计是整个研究过程中非常关键的一环,主要是对实证资料或数据分析前的各项准备工作。本章的主要内容有四个:第一,基于理论和现有研究推导出研究假设。第二,介绍本研究的数据来源,包括宏观数据来源,个体层面的微观数据库及其抽样方法和抽样过程。第三,是对因变量、自变量和控制变量的概念操作化,并解释其操作缘由。第四,是对变量进行描述性统计、相关性分析、组内相关性检验和共同方法偏差检验。

第一节 研究假设

研究假设是基于经验事实和科学理论所作出的推测性论断和假定性解释(谢宇,2006)。简单来讲,研究假设就是在研究之前通过对理论和已有文献分析的基础上形成预想的、暂定的理论。更进一步说,研究假设即研究问题的暂时性答案。本章节的研究假设也是围绕研究问题展开。

一 客观绩效、绩效感知与公共服务满意度的关系假设

实际上,"绩效"一词最初并不是出自公共组织。直到 20 世纪

70年代才被运用到公共管理部门。在公共管理领域，绩效通常被称为制度绩效或政府绩效，是政府在行使其职能过程中所展现出的能力（蔡立辉等，2013）。对于公共服务而言，绩效多被用来衡量政府提供公共服务的效果、效益、效能等。依据不同的理论视角和时代发展，政府部门的绩效往往具有差异化特征，甚至是颠覆性变革。但整体而言，政府绩效按照两大逻辑展开：一是从服务供给方（政府）切入，衡量公共服务的投入、产出和效果，表征为客观的绩效统计；二是受新公共管理运动的影响，政府绩效评价理念开始转向服务接受方（公众），试图将公众视为顾客，更加注重社会公众对公共服务感知性评价，主要是通过公众主观的绩效感知进行测算。基于此，公共服务绩效可以归类为两种，即由政府提供的客观绩效和来自社会公众的主观绩效感知。尽管这两类变量归属于不同的理论体系，但均有相同的理论指向，即公共服务绩效水平与公众的公共服务满意度评价呈正相关关系。

（一）客观绩效与公共服务满意度

组织绩效理论提供了对客观绩效与公共服务满意度之间关系的深刻洞见。这一理论源自政治学领域，旨在研究政府的政治经济绩效与公众政治信任之间的因果关系。随着公共服务研究的兴起，该理论被引介到公共服务满意度研究领域。组织绩效理论基于公共服务接受者满足理性人假设这一前提假设，认为公共服务满意度是社会公众根据政府公共服务供给的客观现状进行理性评估的结果。良好的绩效表现将会获得公众更高的满意度评价，而表现较差的公共机构则会引发公众的不满情绪（Newton，Norris，2000）。国内外学者越来越多地将组织绩效理论应用在公共服务满意度研究中，不少实证研究也佐证了客观绩效对公共服务满意度的积极影响。例如，Parks（1984）以美国密苏里州圣路易斯大都会区的警务服务为研究对象，探究了警察服务绩效与公众满意度的关系，结果显示，客观绩效对公众主观评价的影响力较高。Van Ryzin 等（2008）利用纽约市的街道整洁度积分排名与 4000 个样本公众街道满意度调查，研究了客观的环卫绩效与公众环卫服务满意度的关系，结果表明街道的整洁度能够显著提升公众的环卫满意度，不论是在街区层面还是个体层面。

就我国现实而言，改革开放尤其是进入 21 世纪以来，公众对政治信任的来源逐渐从对经济增长的依赖转向对公共服务的需求。政府必须通过充分发挥公共服务职能赢得公众支持，从而获得执政合法性。孟天广和杨明（2012）的实证研究发现，尽管经济增长仍然是政治信任的重要来源，但民生福利和纯公共产品成为了公众政治信任的新源泉。因此，各地政府在教育、医疗、卫生、社会保障和环境保护等公共服务领域的持续努力，能够满足当地公众的需求，从而获得更高的公共服务评价。虽然国内学界对客观绩效与公共服务满意度关系的研究仍处于起步阶段，但已有实证研究支持客观绩效对公共服务满意度的提升效应。例如，孙宗锋（2018）使用锚定场景法，基于山东省的数据发现，$PM_{2.5}$ 指标与公共环境满意度之间存在负相关关系，即所在城市的环境公共服务绩效越好，当地公众的满意度越高。林挺进等（2011）关注了公共教育领域中客观绩效与公共服务满意度的关系，实证结果显示即使在控制了人均 GDP 以及人口规模等宏观变量后，人均教育财政支出与公众的教育公共服务满意度依然显著正相关。根据以上的理论分析和国内外实证研究结果，我们有理由相信客观绩效是公共服务满意度的重要来源。因此，本研究提出如下假设：

H1：客观绩效正向影响公共服务满意度，即所在城市的公共服务客观绩效越高（或低），公共服务满意度也会随之越高（或低）。

（二）绩效感知与公共服务满意度

从微观层面来看，公共服务的绩效评价是否能够得到公众的满意度评价，实际上并不仅仅取决于公共服务的实际水平，而更取决于个体对公共服务绩效的感知。这与顾客满意度理论和期望不一致理论等微观理论的共同指向是一致的，即公众能够以及在多大程度上感知到公共服务的实际绩效直接影响其公共服务满意度。自20世纪中期，市场营销领域的顾客满意度模型被引入公共管理领域，主观绩效感知成为公共服务满意度的一个重要预测变量。例如，美国的顾客满意度模型（ACSI）中，感知质量是公共服务满意度的核心自变量。大量实证研究也表明，主观绩效感知对公共服务满意度具有积极作用。例如，Van Ryzin等人（2004）在研究中发现，居民对公立学校、警察、道路状况和地铁服务的感知质量显著影响其公共服务满意度，并且这种影响会因收入、种族和地理位置的不同而有所不同。刘武和杨雪（2006）构建了政府公共服务顾客满意度模型，感知质量仍然是其最为核心的预测变量。此外，王竑等（2019）以ACSI为基础，结合我国旅游行业的实际情况，编制了顾客满意度量表，发现包括信息和安全、交通和通信以及景区管理在内的感知价值是旅游公共服务满意度的主要前因变量。整体而言，绩效感知作为一种心理态度，一直是公共服务满意度的重要来源。基于以上分析，我们提出以下假设：

H2：主观绩效感知正向影响公共服务满意度，即公众的主观绩效感知越高（或低），其公共服务满意度也会随之越高（或低）。

二 绩效感知对客观绩效影响公共服务满意度的中介作用假设

长期的政府绩效评估实践逐渐形成了两种主要的政府绩效评估模式。其一是重视成本效益分析的客观测量模式，其二是强调满意度等指标的公众主观评价模式（倪星、李佳源，2010）。自20世纪70年代末Stipak首次提出了客观公共服务绩效与公众主观满意度之间存在不契合关系以来，公共管理研究领域一直在关注客观绩效与主观满意度之间的关系。按照 Stipak 的不契合论，公众的主观满意度与客观公共服务绩效之间需要呈现正相关关系，只有在两者之间呈现单调递增关系的情况下，公共管理者才能利用主观满意度作为公共服务质量的考核指标（Stipak，1979）。然而，现有实证研究仍未达成一致，客观绩效与主观公共服务满意度是否具有契合性仍无定论。因此，深入探究两者关系的形成机制显得尤为重要，而这一探究将有助于更好地理解政府绩效评估的本质及其实践意义。

理解客观公共服务绩效与主观满意度之间的关系，需要揭开两者联系的内在机制。探讨过程可分为两大维度：一是过程论，即从客观公共服务为出发点，政府的公共服务供给通过何种步骤被公众使用，进而将由政府提供的客观公共服务与个体主观的满意度评价链接起来；二是感知论，以公众作为顾客出发，从人们认知视角理解公共服务满意度，认为客观的公共服务只有被公众所感知，公众才会进行合理的评价。现有文献中，对于机制探究存在较大缺口，少量相关文献大都从过程论视角进行研究。例如，Parks（1984）针对美国密苏里州圣路易斯大都会区的实证研究探究了过程机制对于理解客观绩效与主观公共服务满意度关系的重要性。他建构了单向路径的影响机制模型，通过引入五个过程变量揭示警务服务绩效经由何种方式作用于公众的主观评价。结果表明，原先对公众主观评价影响不显著或作用较弱的客观绩效，由于中介变量的联结，其解释力有了很大的提升。这意味着，要真正弄清楚客观绩效与主观满意度评价之间是否存在以及存在何种关系，深入挖掘其内在机制是可行路径，为以客观绩效为出发点的过程论提供了一个有益视角。

随着研究的深入和交叉学科的互联互通，心理学理论和方法逐渐进入公共管理研究领域。这其中，感知逐渐成为学者们重点关注的心理变量。感知之所以备受关注，关键在于客观绩效与个体主观的绩效感知并不能简单等同，两者之间差别巨大。Curl等（2011）的文献综述发现，依据客观测量方法得到的可及性与受众感知可及性的关联度不大。很多时候，两者之间甚至没有任何相关性（Mccormack et al.，2008）。从理论上看，个体感知型变量成为连接客观绩效和主观满意度之间的桥梁，其核心意涵是客观绩效对主观满意度是否有显著影响取决于个体是否感知到由政府提供的公共服务。换言之，客观绩效之所以能够与个体公共服务满意度产生关系，就在于个体能够感知到服务的存在。如果缺失这一感知型变量，那么客观公共服务绩效与个体满意度评价之间的关系也无从谈起。作为社区满意度理论的集大成者，Campbell等人（1979）建构的理论模型为厘清社区客观特征与社区满意度之间的联系提供了极具意义的分析框架。坎贝尔社区满意度模型共有四类核心变量，分别是社区客观特征、社区感知、社区评价和社区满意度，前三类变量为预测变量，社区满意度为因变量。变量间的逻辑关系为社区客观特征是影响其他所有变量的来源，而社区感知和社区评价则是社区客观特征和社区满意度的中介变量，其中社区感知在社区评价的前因变量。不少实证研究支持了社区感知在社区客观特征对社区满意度影响过程中的传递作用。Cao（2015）的研究发现，社区客观特征对公众的居住满意度有显著影响，其中除了直接作用外，社区感知因素在这一显著关系中发挥着不可忽视的间接影响。申悦和傅行行（2019）采集了上海市郊区居民活动日志调查的一手数据，并将社区感知特征表征为居民对社区便利、安全、美观和交通拥堵等方面的主观评价，研究结果发现，社区的人口和商业密度、公园可达性、地铁站可达性、社区绿地率等客观建成环境对居民的社区满意度有不同程度的显著影响，而各类社区感知特征在其中依然起到了中介作用。作为城市公共服务末端，不少学者已经认识到，社区居民对社区公共服务的感知度被赋予了更为现实且关键的意义。如果仅仅将社区满意度作为社区客观特征的直接映射，而忽略了社区居民作为具有主观能动性的行为主体的感知差异，很难真正而全面地理解社区满意度。

从地理空间和人口集聚的角度来看，社区是城市中最微小的单位集合。但从公众对公共服务的评价角度来看，社区和城市是一样的，只是地域范围和人口数量不同而已。在与客观环境的互动方式和过程方面，城市居民和社区居民也十分类似。这种同质性使得用于社区满意度研究的坎贝尔模型也适用于城市公共服务研究。换言之，坎贝尔理论模型能够指导我们对公共服务满意度的认识和理解，是打开客观公共服务绩效与公众满意度之间长期存在的"过程黑箱"的可能钥匙。

回顾我国公共服务的发展实践，2006年10月，党的十六届六中全会通过的《关于构建社会主义和谐社会若干重大问题的决定》，明确要求建设服务型政府，强化公共服务和社会管理职能，涉及教育、科技、文化、医疗卫生、社会保障、环境保护等领域。然而，由于各地区经济社会发展的客观差异，导致不同地区基本公共服务供给的非均等化现象十分明显（郭小聪、代凯，2013）。一般来说，基本公共服务供给均等化有三个衡量视角，分别是起点均等、过程均等和结果均等（杨波，2019）。起点均等指的是不同地区和城市间公共服务供给在数量上是否具有均等性，强调保证公共服务供给的充足性；过程均等则关注公众的公共服务体验过程，着重于公共服务在地理空间的可达性和服务体验的便利性；结果均等则以公共价值为导向，侧重于公共服务的公平性和普惠性。因此，政府基本公共服务供给在地区和城市间的不均等，使得不同地区和城市公众对公共服务的充足性感知、均衡性感知以及普惠性感知存在巨大差异。具体来说，对于基本公共服务供给较好的地区或城市，当地的医疗、教育、交通等公共服务更为充足和完善，个体对公共服务的充足性感知、便利性感知和普惠性感知也更为强烈，其公共服务满意度也更高。相应地，对于基本公共服务供给较差的地区或城市，医疗、教育、交通等公共服务设施和条件更加不足和匮乏，这不仅直接降低了当地公众的公共服务满意度，同时也会通过降低公众对公共服务充足性、便利性和普惠性的感知，间接影响其公共服务满意度。

H3：主观绩效感知在客观绩效对公共服务满意度的影响中起到中介作用，城市客观绩效是通过作用于个体的主观绩效感知间接地影响公共服务满意度。

三 认知偏差与公共服务满意度的关系假设

以上研究基于理性人视角，分析了政府绩效的客观层面和主观层面绩效感知对公共服务满意度的影响。然而，现实中的公共服务评价往往更为复杂，不仅停留在利益最大化的理性判断层面。实际上，一些研究发现，即便一些公众享受更高质量的公共服务，例如居住在发达城市的公众，其对公共服务的评价反而不如欠发达地区的居民（王欢明、诸大建、马永驰，2015）。此时，理性人假设下的理论通常会归因于一些无法识别的因素，如沉默成本或信息不对称，或者直接归为脱轨案例（Howlett，2012）。然而，这些解释不仅极为零散，而且在某种程度上违背了理性选择理论的前提假设。实际上，正如管理学大师赫伯特·西蒙（Herbert Simon）提出的有限理性理论所认为的，人类的认知并不完全符合"收益最大化"的假设，应该用"社会人"代替"经济人"（Simon，1947）。在公共服务满意度研究领域，理性选择视角之所以受到批判，就在于公众在评判政府提供的公共服务是否令其满意时，往往不会单纯地按照理性人的收益视角进行评价。否则，也不会引发关于主观绩效评估能否反映真实绩效水平的巨大争议。近年来，随着心理学理论不断被引入公共管理学，行为公共管理学者认为，由于人类认知机制的局限性，现实情境的复杂性会使得社会公众的公共认知或政治行为出现系统地违背自身利益的现象。

人类的认知过程和决策过程非常相似，它们都按照所掌握的信息进行信息的输入、处理、输出和反馈（Mankiw，Reis，2001）。唯一的区别在于认知过程输出的是心理态度，而决策更多的是行动。信息输入包括外界社会环境的刺激和已有的知识和信息。信息处理是个体对所输入的信息进行推理、思考和判断的过程，不仅是理性思考的结果，也受到诸如态度、情绪、经验等非理性因素的影响。这是个体理性思维与主观意识的共同作用，使得人们的信息处理容易产生认知偏差。通过这两个阶段的加工和处理，认知结果或决策行为得以最终产生。这一认知结果和决策行为会通过信息反馈的方式成为下一次信息输入的来源之一，进而形成固化、特定的认知或决策循环。公众满意度的产生依赖于公共服务信息的输入和处理。然而，由于信息输入和处理过程中个体认知因素难以理性衡量，且不同公众对公共服务的使用度差异巨大，使得公共服务信息的输入对于不同公众的认知产生差异化影响。其结果是压缩了理性推理在公共服务评价中的作用，使得人们更倾向于按照自身固有的价值观念和态度进行评判。本研究关注的个体样本是普通公众，而非直接的公共服务接受者。在使用信息输入评价公共服务的过程中，由于他们掌握用于公共服务评价的信息比直接接受公共服务的人更少，因此更加压缩了理性判断在公共服务评价中的作用。相应地，这也增加了难以预见的认知心理因素引致的认知偏差的作用，很大程度上"扭曲"着人们对公共服务现实的理解，干扰其理性、客观判断的能力，进而也释放了认知偏差效应在公共服务满意度评价中的影响。

Festiger（1957）提出的认知失调理论为人类认知过程中出现

的偏差现象提供了解释。该理论指出，在面对与自己持有的价值观念不同的新信息时，人们会产生心理不协调，倾向于按照与自身信仰体系相一致的方式处理这些信息，以最大化地避免心理失衡。大量的实证研究表明，这些潜在态度深刻地影响着个体的认知判断和行为决策，包括其对公共部门和政策的态度和看法，以及个人的政治抉择和行为（Pérez，2010）。例如，Pérez（2010）的研究发现，个人对拉丁裔移民的内隐态度能够预测他们对各种移民政策的支持程度。这表明，认知失调理论在解释人们对公共政策和服务的态度和看法方面具有广泛的适用性。

社会科学研究一直将研究重点放在显性态度上，但有些心理学家认为，大多数人类认知是隐性的。正如弗洛伊德（Freud）所言，思想就像冰山，只有七分之一的体积是可见的。尽管心理学家尚未就这些隐性态度的起源达成共识，但许多学者指出，这些态度很可能受到广泛流传的社会文化信念的影响（Arkes，Philip，2004；Olson，Russell，2004）。例如，Karpinski，Hilton（2001）认为这些态度是一种"环境关联"，或者说是"某人对其赖以生存的生活环境下的心理联想"。另外，一些学者将这些态度直接与文化偏见和刻板印象联系起来（Rudman，2004；Arkes，Tetlock，2004）。更为一般化的理解是，这些态度是通过日常生活体验与抽象概念的持续互动，并且在不断积累、迭代和演进的过程中，所形成的稳定的社会认知评估体系。换句话说，人类认知之所以会发生这样或那样的偏差，是由于认知主体与认知客体及环境因素的相互作用。对于公共服务而言，其本身就是连接国家、政府、市场、社会等要素的纽带和桥梁，而这些要素是一种相互影响、相互依存、互为载体的关系。因此，个体对公共服务所形成的一般看法和评价无法实现独立，往往会将对这些宏观要素的固定而笼统的看法投射到其中，从而导致对公共服务评价的认知偏差。

1. 政府角色认知与公共服务满意度的关系假设

为了理解政府角色认知，必须首先了解政府角色的概念。政府角色指的是在政府与市场、政府与社会的互动过程中，政府在社会资源配置、经济增长和社会进步等方面所承担的责任和扮演的角色。根据政府的作用和功能范围的不同，政府角色一般被划分为大政府和小政府。大政府是指政府在经济管理和社会控制方面承担更多的功能，这种观点源于凯恩斯主义的政策实践。小政府则主张政府只要维护社会正义和公平分配，把公共服务做好，其余的应简政放权，让市场和社会来主导。政府角色认知本质上是客观政府角色在个体主观意识层面的反映，是社会公众对政府所扮演的角色、作用和行为界限的认识，以及对政府、市场和社会之间关系的认识。因此，政府角色认知也可划分为大政府倾向和小政府倾向。大政府倾向可追溯到凯恩斯理论，认为市场机制存在公共物品供应乏力、外部性等市场失灵现象，政府必须以积极财政货币政策对公众社会加以干预，才能实现国家有序发展（臧雷振、黄建军，2013）。小政府倾向则发源于自由市场主义，认为政府在经济社会活动中的角色应最小化，将政府角色控制在提供制止暴力的最小功能，进而最大化个人自由（Nozick，1974）。

个体对政府角色的不同认知，是判断政府行为是否令人满意的重要参照点，同时也很容易形成对公共部门的刻板印象。大政府倾向的个体通常认为，社会问题的根源在于市场机制的失灵，政府应利用其掌握的公共权力，发挥宏观调控和公共品供给的职能。因此，他们更倾向于支持政府提供的公共服务越多越好，也更可能支持和拥护政府在公共服务过程中的行为。而威权主义则是大政府倾向的一种特殊形态，其价值观会强化人们对政府权威的遵从和对政府政策的支持，实证研究也表明威权主义价值观正向影响个体的政治信任（吴结兵等，2016）。相对而言，小政府倾向的个体更强调个人自由的优先性,认为政府应当减少征税和降低社会福利,建立"最小化"或"守夜人"性质的政府。这些个体对政府提供过多的公共服务并不买账,对政府在公共服务供给方面的行为也更加苛责,很容易因政府过度干涉社会运行而产生不满情绪。政府角色的认知与其对政党身份的定位密切相关。政府角色认知的差异往往代表着不同意识形态的支持者(Hawkins, Nosek, 2012),是不同政治党派的支持者,驱动着个人最终的投票选择(Arcuri et al., 2008)。近年来的实证研究表明,个体的党派偏见会影响其对政府和立法部门的满意度评价,从而影响公众的公共服务满意度。这种公共服务评价的政党偏见反映了个体内心深处的政治倾向与其对政府机构及其公共服务的认知、态度和效果评价之间的关系。正如Pérez(2010)所指出的那样,有些态度潜伏在人的潜意识中,但会自动激活并不断左右和影响着人们的判断和行为决策。因此,可以提出以下假设:

H4a:政府角色认知显著影响公共服务满意度,具体而言,小政府倾向公众的公共服务满意度越低,大政府倾向公众的公共服务满意度越高。

2. 社会信任与公共服务满意度的关系假设

作为社会心理和政治心理学的重要概念,信任指的是一方对另一方的合作意图和行为的积极期望,相信对方不会来损害自己利益的一种心理信念(Jap, 1999;Poppo et al., 2016)。经典的"二分法"按照信任主体和客体的关系远近程度不同,将信任划分为特定信任和社会信任(Uslaner, 2000)、特殊信任和一般信任(Knack et al., 1997)、人际信任和制度信任(Guiso et al., 2004)等。政治学或公共管理学者一般采用特定信任和社会信任之分。特定信任是个体对那些自己认识的、熟悉的或者与自己有亲密互动的特定群体的信任;后者指个体对自己不认识的、不熟悉的或者任何关系之外的其他人的信任（柴时军、叶德珠，2019）。相比特定信任，社会信任的影响更为广泛，深刻影响着人与人、人与组织以及组织与组织之间的关系。大量实证研究表明信任不仅有利于减少交易成本，增加人和组织的价值创造能力，提升社会稳定和经济繁荣（王永贵、刘菲，2019），也是公众政治和政府信任的重要来源之一（胡荣、范丽娜、龚灿林，2018）。

近些年，学界对信任的理解开始从理性人逻辑拓展到有限理性人逻辑，逐渐被作为一种认知偏差引入人的态度形成和行为活动中。以金融投资为例，传统理性人假设认为，投资者会按照企业业绩等市场价值进行理性决策，而信任在其中的作用是可以降低投资者对预期收益风险的判断。然而，信任在驱动人的投资行为时，并不完全是基于理性预期的，而是产生于特定管理者给予自身的内心平静或安全感，以此缓解自己的心理焦虑或不安（Gennaioli et al.，2015）。由于受到启发式思维的影响，投资者的决策很容易为了寻求心理上的安全感，产生或做出与自身信任相一致的态度或行为，而这些态度行为很可能是违背其自身实际利益甚至违反客观规律的，例如"股利偏好""本土偏差"以及投资亏损的共同基金等资本市场之谜都与信任驱动非理性决策有关（刘亚琴、李开秀，2017）。经济活动中的信任偏差引起人们深思，如果连与理性经济人最接近的经济行为都无法摆脱由信任催生的认知偏差，那么人们在判断和评价利益关联度相对更低的公共服务时，受到信任偏差影响的可能性和深刻程度自然会更为强烈。

社会信任对个体对公共服务的满意度评价至少有两个影响路径。首先，信任可以消除信息不对称，增进公众个体和政府之间的信息交流和传递，从而减少公众对政府工作的不理解和不满，促进个体对公共服务产生积极态度和评价。其次，信任的扩展性会使得个体对整个社会的信任扩散到政治系统或政治机构的信任。高信任度的个体更相信政府能够从公共利益出发为社会公众提供公共服务，相信政府的执政理念，从而更可能给予公共服务更高的评价。这表明，社会信任影响着个体对公共服务评价。不少实证研究表明，社会信任对个体公共服务满意度产生深刻影响。例如，社区信任感越高的公众，其犯罪风险感知越低，从而对警务服务评价更高。此外，在公共教育领域，公正世界信念（Belief of a Just World）越高的学生越倾向于认为老师、同学和家长公平对待自己，进而给予学校更高评价。然而，当前我国医疗卫生服务仍面临着医患矛盾、医疗资源不均等问题。针对这些问题，不同个体的隐性态度会导致差异化的认知结果。对于社会信任和社会公平感更高的公众，其对医疗机构和医生群体的信任度也更高，更相信自己能够平等地享有医疗卫生服务，并因此表现出更高的满意度。例如，有学者使用3680名受访者的全国抽样调查数据发现，个体对医生的信任度越高，对医疗系统的满意度也越高。

基于此，提出如下假设：

H4b：社会信任正向影响公共服务满意度，即公众的社会信任越高（或低），其公共服务满意度也会随之越高（或低）。

四　认知偏差的调节作用假设

上述论述仅考虑了主客观绩效和认知偏差因素对公共服务满意度的独立影响效应，但尚未探究各个影响因素之间的交互效应（Interaction Effects）。这带来了两大研究缺口：一是研究层次上的割裂，将宏观结构性因素和微观个体性变量作为独立的影响因素，忽视了个体是宏观结构中的"个体"，也忽略了结构性因素影响个体对公共服务评价的复杂传递链；二是理论假设上的割裂，要么强调理性人视角下绩效相关因素对于个体公共服务满意度的影响，要么基于非理性人假设，认为公共服务满意度其实与公共服务好坏的关系不大，而是受到社会文化因素的制约。这两方面的冲突和争论在公共管理学界一直存在。然而，在真实公共服务评价场景中，社会公众作为评价主体既不可能完全独立于宏观结构性因素，也难以完全受到个体因素的影响。此外，人类常态化的认知往往并不处于完全理性人抑或完全社会人的两个光谱的极端，而是趋于两者之间的有限理性人状态。因此，两大假设并非不可兼容的互斥关系，而是有条件的、不成比例的互动关系。基于以上考虑，本研究以有限理性人假设为基础，将公共服务满意度视为不同思维模式交互作用的结果。通过引入不同维度下自变量间的交互项，探索个体公共服务评价的复杂形成机制。具体而言，本研究将以个体层次的政府角色认知和社会信任为调节变量，分别探讨认知偏差在客观绩效和绩效感知影响公共服务满意度中产生的调节效应。

（一）认知偏差对客观绩效影响公共服务满意度的调节作用假设

在传统的经济学和管理学分析中，个体认知、决策和行为通常被视为理性选择的结果。然而，随着心理学和行为科学的发展，学者们逐渐认识到，人们并不总是按照深思熟虑、自我收益最大化的逻辑进行思考和行事，而往往是在下意识或盲目的情况下做出快速决策。需要强调的是，这种与理性选择理论看似对立的理论假设，并非试图将个体认知和决策看作完全非理性，而是主张人类确实存在预期效用最大化的认知模式，只不过这种理性状态并不是时刻存在，而是处于有限理性下的综合模式（朱德米、李兵华，2018）。像澳大利亚政府和公共服务委员会联合发布的《变革行为：公共政策视野》报告所提出的一样，人类行为是一个"综合模式"，既符合经济人的理性假设，也受到历史文化、社会心理和传统习俗等社会化因素的深刻影响。

公共服务满意度作为一种复杂的心理活动，同样是一个"综合模式",是理性选择和非理性制约交叠作用的结果。针对客观绩效和认知偏差与公共服务满意度的关系而言,虽然前者是基于理性人假设,后者则基于有限理性人假设,但两者对公众公共服务评价的影响并不是简单的线性关系。一方面,假设 H1 讨论了客观绩效对公共服务满意度的直接正向影响,而对于居住在相同客观绩效城市公众却表现出不同公共服务满意度,需要结合个体层面的认知偏差予以分析。在个体认知和处理新信息的过程中,深藏在内心深处的内隐态度发挥着"信息过滤"的效用,进而产生非理性的认知偏差。认知偏差的作用机理是,即便面对相同的公共服务绩效现状,由于每个人固有的信念体系不同,使得个体会产生截然不同的认知结果。更为具象地说,对于那些社会信任以及大政府倾向更高的公众,他们潜意识里对政府的信任度就更高、对政府行为的包容度更高、对政府不当行为也不会过分苛责。这些积极的内隐态度使得他们对公共服务实际体验和绩效信息的加工和理解更为正面,哪怕他们与其他人享有同等水平的公共服务。因此,虽然客观绩效会对公共服务满意度产生积极作用,但这种作用会由于个体的认知心理的不同产生差异性效果。具体到本研究而言,客观绩效与公共服务满意度的关系受到个体政府角色认知和社会信任引致的认知偏差效应的影响。

针对政府角色认知的调节作用,小政府倾向的个体往往认为政府过多干预市场和社会运行是不合适的,会将政府加大公共服务供给视作资源浪费的不当行为。他们认为,应该让市场自动调配公共服务资源,而非政府介入。因此,小政府倾向越强的个体对政府提供的公共服务越多越不满意,认为政府对经济社会活动的干预越多,越限制市场和社会自由发展的空间。与此不同,大政府倾向越强的个体认为政府应该承担更多的社会责任,更积极地干预社会经济活动。这使得政府提供越多的公共服务越符合他们的心理预期,进而促使他们给予公共服务越高的满意度评价。

在社会信任的调节作用方面。社会信任与政治信任有着千丝万缕的联系，被认为是政治信任的重要来源。社会信任与政治信任之间存在正相关关系（胡荣、范丽娜、龚灿林，2018）。而政治信任在建构公众对政府行为积极态度过程中起着关键性作用（Ma，Yang，2014）。具有更高政治信任的个体通常更倾向于支持政府制定的相关政策（郑建君，2019）和政府决策（Rudolph，Evans，2005）。低社会信任的个体往往会将不信任情感扩展至政府部门，更可能将政府与贪污腐败联系起来。在这种刻板印象的作用下，公共服务供给某种程度上会被视为政府谋取私利的手段。这种观念会导致政府的公共服务供给越多，越容易让社会信任度较低的公众认为可能存在更大的腐败行为，从而降低对公共服务的满意度评价。而对于社会信任度较高的个体，则更倾向于对政府行为持积极态度和作出积极评价。例如，韩啸等（2016）通过对334份调查问卷的研究发现，信任作为调节变量能够显著增强政务微博平台特征对受众社会互动程度的影响，对于社会信任水平较高的公众，政务微博平台上更加优良的信息内容对其社会互动程度的影响更为强烈。

基于以上推理，本研究提出如下研究假设：

H5：认知偏差在客观绩效影响公共服务满意度的关系中产生显著调节作用；

H5a：政府角色认知在客观绩效影响公共服务满意度中起到正向调节作用，即对于大政府倾向越高的个体，所在城市客观绩效对其公共服务满意度的提升效应更为强烈；

H5b：社会信任在客观绩效影响公共服务满意度中起到正向调节作用，即对于社会信任越高的个体，所在城市客观绩效对其公共服务满意度的提升效应更为强烈。

(二）认知偏差对绩效感知影响公共服务满意度的调节作用假设

主观绩效感知和公共服务满意度都是个体层次的心理态度，虽然它们是不同指向的构面，但都是对公共服务评价或行为倾向的体现。这使得认知偏差效应很可能同时影响人们对公共服务评价和对公共服务绩效水平的主观感知。在这种情境下，需要深入探究绩效感知对公共服务满意度产生的影响是否受到个体认知偏差效应的影响。事实上，正如本研究的研究假设 H2 和假设 H4 所表明的，从单独作用的角度来看，绩效感知和认知偏差对公共服务满意度的影响遵循着不同的认知逻辑。前者是基于理性人思维的利益最大化，后者则是非理性人逻辑，两者之间是相互竞争和博弈的关系。按照角色冲突理论（Role Conflict Theory），当一个人扮演一个角色或同时扮演几个不同的角色时，由于心理不一致和不协调，就会产生认知上的矛盾和冲突（董泽芳，1996）。正因为绩效感知和认知偏差在角色逻辑上存在内在冲突，才使得它们在共同影响个体对公共服务的评价过程中体现为一种此消彼长的替代关系。从认知偏差的调节视角来看，当认知偏差效应更为强烈时，个体的理性判断可能性相应降低，绩效感知对公共服务满意度的影响也有所减弱。相反，当认知偏差效应较弱时，个体更可能按照理性人逻辑进行判断和决策，因此绩效感知对公共服务满意度的作用更加突出。

政府角色认知和社会信任水平的差异会影响绩效感知对公共服务满意度的作用效应。在政府角色认知的调节作用方面，小政府倾向的社会公众持有很高的市场化倾向，认为政府在社会中的角色应该最小化，对政府行为表现出更加苛刻的态度。因此，这部分人对公共服务的满意度评价会更少受到"角色"偏差的影响。这种情况反过来增强了个体理性判断的作用，使得个体更有可能从感知到的公共服务的数量和质量水平来理性地评价公共服务，进而扩大了绩效感知对其公共服务满意度的影响效应。相反，那些认为政府应承担更多社会责任的大政府倾向的公众，对政府行为具有潜在的好感，由此形成的"角色"偏差会弱化理性判断在公共服务满意度评价中的作用，进而降低绩效感知对公共服务满意度的影响效应。先前的研究表明政治态度在个体评价公共服务的过程中起着调节作用。Jedinger 和 Burger（2019）发现，右翼威权主义在调节政治参与对个体贸易保护主义政策评价的影响方面具有重要作用。这一研究间接暗示着政府角色认知作为一种政治态度或政治倾向，在影响公共服务满意度时也可能存在调节作用。

在社会信任的调节作用方面。信任扮演了信息过滤器的角色，它能对接收到的认知信息进行高低信任度排序，并影响人们的心理态度和行为决策。研究假设 H4b 详细阐述了政治信任在社会信任影响公共服务满意度的过程中的联结作用。这表明本研究的研究假设是成立的：在个体评价公共服务的过程中，社会信任水平越高，越有助于形成更高的政府信任。由此产生的"信任偏见"会成为个体评价公共服务的思维捷径，从而无意识地规避需要大量信息搜索的理性判断。这会削弱绩效感知对公共服务满意度评价的影响。相反，较低的社会信任水平则会催生较低的政治信任，并在无形中会降低公众对公共服务的满意度评价。同时，这也减弱了"感情用事"在公共服务评价中的作用，增加了理性判断的可能性，从而扩大了绩效感知的影响效应。

整体而言，政府角色认知和社会信任在绩效感知和公共服务满意度的关系中起到负向的调节作用。基于以上推理，本研究提出如下假设：

H6：认知偏差在绩效感知影响公共服务满意度中产生显著调节作用；

H6a：政府角色认知在绩效感知影响公共服务满意度中起到负

向调节作用，即对于政府角色认知得分越高（大政府倾向越强）的个体，绩效感知对公共服务满意度的影响越弱；

H6b：社会信任在绩效感知影响公共服务满意度中起到负向调节作用，即对于社会信任越高的个体，绩效感知对公共服务满意度的影响越弱。

五 假设模型

依据以上的研究假设，构建了如图4-1的假设模型。

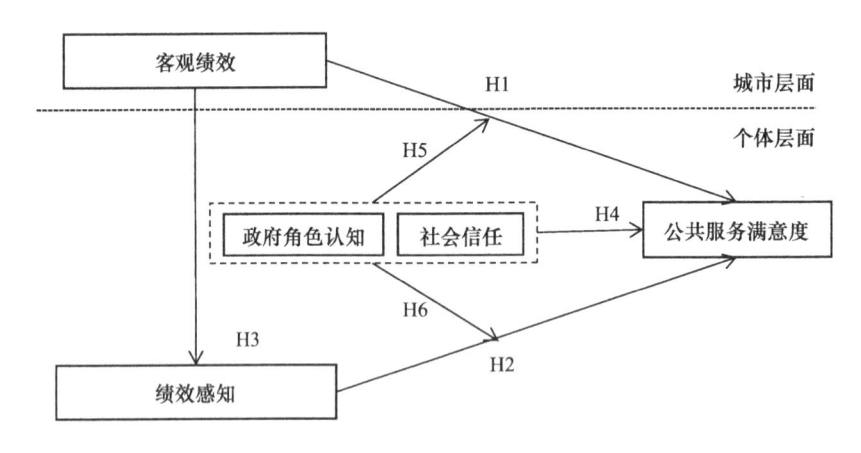

图4-1 本研究的假设模型

第二节 数据来源与样本介绍

一 数据来源

本小节主要介绍本研究的数据来源。本研究的主要目的是更为一般而系统地解释公共服务满意度影响因素以及机制。为此，在获得个体和宏观不同层次变量的同时，保证足够大且具有代表性的样本容量是研究目的得以实现的前提和基础。这其中，最为关键的环节之一是确保个体层次数据与宏观层次数据的匹配性。具体到本研究，形成个体层次调查数据和城市层次统计数据相对应的嵌套式数据结构是选择本研究数据来源的先决条件。基于此，本研究接下来按照地域范围和机构类型较为全面地介绍国内公共服务满意度相关的大型数据库，并进行对比，最终提出选择全国综合调查项目（CGSS 2013）作为个体层面数据来源的缘由。

首先，从地域范围来看，目前的调查可分为全国性调查、省级调查（跨省和省内）、市级调查（跨城市和城市内）三种类型。全国性调查覆盖地域最广，其中最为有影响力的是全国综合调查项目（CGSS）中关于公共服务满意度的调查。省级调查则分为跨省份调查和省内公共服务满意度调查两种类型，比如中国社会科学院政治学研究所在贵州和江苏两省开展的公共服务满意度调查、山东大学城市发展与公共政策研究中心2017年开展的山东省城市公共服务满意度大规模电话访问调查等。市级调查是目前应用最为广泛的调查类型，国内外许多科研院所以及政府部门针对城市公共服务满意度进行了丰富多样的调查，同样可分为跨城市调查和城市内调查两种类型。例如，《小康》杂志社联合清华大学媒介调查研究室发布的城市"政府公共服务满意度调查"、由新加坡南洋理工大学等推出的"连氏中国城市公共服务质量指数"以及由社会科学院马克思主义研究院、社会科学文献出版社等合作主办的《公共服务蓝皮书》等。其次，从调查机构类型来看，大体可分为非政府调查和政府调查两种类型。非政府调查的学术目的更为强烈，调查内容更为广泛，不仅涉及受访者的人口统计学变量，也会不同程度地涉及一系列个人社会态度等其他变量。官方调查的政府绩效评估或政策宣传等实用性目的更为明显，内容往往局限在公共服务本身，外延性往往比较有限。与非政府调查相比，由于政府调查的公开性、透明性或真实性受到学者们的质疑，因此，学术研究较少使用政府的公共服务满意度调查。

通过以上回顾可以发现，已有公共服务满意度调查在调查目的、内容和范围不尽相同,但共同特征是由于公共服务满意度调查需要极高的人力、物力、财力投入,使得这类调查通常由组织机构而非个体研究者展开。因此,本研究选择了效仿大多数现有研究的做法,选择二手数据而非一手数据回答本研究提出的研究问题。为了达到研究结论具有更强系统性和普适性的研究目的,我们必须在保证数据可靠性的基础上,选择的调查数据库不仅要覆盖地域尽可能广,调查内容也要涵盖尽可能丰富的变量。根据对公共服务调查的回顾,除了全国性调查外,其他类型的调查涵盖地域有限,且主要集中在城市,同时除公共服务满意度问卷以及人口统计变量外,并未包含其他变量,因此难以充分挖掘公共服务满意度的影响因素。因此,本研究选择主要集中在全国性调查。由于我国政府未开展全国性公共服务满意度调查,并且由于真实性的质疑,我们的选择进一步缩小到非政府的全国性调查。基于此,本研究选择了2013年中国社会综合调查项目(CGSS 2013)作为公共服务满意度以及相关微观个体特征变量的数据来源。我们选择该项调查的原因是:首先,CGSS(2013)是一项全国抽样调查,可以有效保证研究的普适性。其次,该调查测量了各个公共服务领域的公众满意度,这种多项目的调查可以在很大程度上避免测量误差。最后,作为我国最具影响力的综合性社会调查,CGSS(2013)包含了多学科的丰富变量,为探究公共服务满意度的综合影响因素提供了可能(Meier, Toole, 2013)。

二 抽样过程与样本分布

中国社会综合调查项目(CGSS 2013)采用分层四阶段概率抽样方法,覆盖了全国28个省份的城乡地区,在全国一共抽取了100个县(区),加上北京、上海、天津、广州、深圳5个大城市,作为初级抽样单元。其中在每个抽中的县(区),随机抽取4个居委会或村委会;在每个居委会或村委会又计划调查25个家庭;在每个抽取的家庭，随机抽取一人进行访问。而在北京、上海、天津、广州、深圳这5个大城市，一共抽取80个居委会；在每个居委会计划调查25个家庭；在每个抽取的家庭，随机抽取一人进行访问。其中，在抽取初级抽样单元（县区）和二级抽样单元（村委会和居委会）时，利用人口统计资料进行纸上作业；而在村委会和居委会中抽取要调查的家庭时，则采用地图法进行实地抽样；在家庭中调查个人时，利用 KISH 表进行实地抽样[①]。

在删除缺失样本后，本研究的有效样本11232人。共有男性5648人，女性5584人，分别占总人数的50.28%和49.72%；受访者的年龄在16—97岁，平均年龄约为48岁（mean = 47.63），其中16—29岁的受访者占15.97%，30—49岁的受访者占31.02%，50—69岁的受访者占33.68%，70—89岁的受访者占10.63%，90岁及以上的受访者占1%；被调查者中，7223人的受教育程度为小学或以下，占总人数的64.31%，2154人接受过初中、普通高中、职业高中或中专等中等教育，占总人数的19.18%，1855人的受教育程度为大学本科、大学专科以及研究生以上的高等教育，占总人数的16.52%；城镇受访者6904人，农村受访者4328人，分别占总人数61.47%和38.53%；在被调查者中，东部地区4161人，占总人数的37.05%，东北地区1510人，占总人数的13.44%，中部地区2903人，占总人数的25.85%，西部地区2658人，占总人数的23.66%。具体详见表4-1。

根据国家统计局发布的《2010年第六次全国人口普查主要公报》显示，截至2011年4月底，大陆31个省、自治区、直辖市的人口中，男性人口为686852572人，占总人口的51.27%；15—59岁人口为 939616410 人，占 70.14%；60 岁及以上人口为

---

① 有关调查的详细信息参见 http：//cgss. ruc. edu. cn/index. php？r = index/index。

177648705人，占13.26%，其中65岁及以上人口为118831709人，占8.87%；居住在城镇的人口为665575306人，占49.68%；居住在乡村的人口为674149546人，占50.32%。本研究样本人群在年龄构成上基本符合全国人口总体特征，60岁及以上人口略多于总体构成，城镇被访者多于农村被访者。

表4-1 被调查者在性别、年龄、受教育程度、户口类型和居住区域上的分布

变量	类别	频率	百分比（%）	累计百分比（%）
性别	男	5648	50.28	50.28
	女	5584	49.72	100.00
	总计	11232	100.00	
年龄	16—19岁	338	3.01	3.01
	20—29岁	1456	12.96	15.97
	30—39岁	2028	18.06	34.03
	40—49岁	2423	21.57	55.60
	50—59岁	2132	18.98	74.58
	60—69岁	1651	14.70	89.28
	70—79岁	967	8.61	97.89
	80—89岁	226	2.02	99.90
	90岁及以上	7	0.1	100.00
	总计	11232	100.00	
受教育程度	基础教育及以下	7223	64.31	64.31
	中等教育	2154	19.18	83.48
	高等教育	1855	16.52	100.00
	总计	11232	100.00	
户口类型	城镇	6904	61.47	61.74
	农村	4328	38.53	100.00
	总计	11232	100.00	

续表

变量	类别	频率	百分比（%）	累计百分比（%）
居住区域	东部	4161	37.05	37.04
	东北	1510	13.44	50.48
	中部	2903	25.85	76.34
	西部	2658	23.66	100.00
	总结	11232	100.00	

第三节 变量操作化

面对社会现象间的复杂性、相互联系性，定量研究的主要策略和指导思想可以说就是"化繁为简"，即尽可能将原本纷繁复杂的社会现实通过必要的"裁剪""删节""修整""简化"，最终转变成为几个关键的"变量"，并以此来开展研究（风笑天，2017）。也因此，科学、适恰和可行的变量操作化是描述、解释和发掘复杂社会现象间相关和因果关系的前提和基础，也是考察定量研究品质的重要表征（于文轩、樊博，2020）。从概念上看，变量操作化又称为操作定义，是根据可观察、可测量、可操作的特征来界定变量含义的方法（袁方，2013），是将复杂社会现象"化繁为简"的过程。更进一步说，变量操作化就是用简单的、可观测并且能够代表变量概念的"具象事实"表征研究问题涉及的变量（一般称为结果变量、前自变量和控制变量），使其能够实现研究结果，达到研究目的。根据在研究问题部分的论述，本研究主要探讨跨层级视角下的公共服务满意度的影响因素及机制，以这样的逻辑，所涉及结果变量便是个体层面的公共服务满意度；而前因变量则涵盖了宏观城市和微观个体两大层次的变量，在宏观城市层面，是所在城市的公共服务客观绩效；微观个体层面变量则包括主观绩效感知和引致公共服务满意度评价认知偏差的政府角色认知和社会信任；此外，本研究还涉及了丰富多样的宏观和微观层次的控制变量。

一　因变量操作化

公共服务满意度（因变量）采用由6个领域的公共服务类别构成的整合公共服务满意度。满意度的测量一般分为外显测量（Explicit Measures）和内隐测量（Implicit Measures）两类；公共服务满意度仅涉及外显测量，主要包括基于整体的单条目测量以及基于领域划分的多条目测量（贾奇凡等，2018）。多条目测量能够在一定程度上避免由于认知偏差导致的测量不准确（Andersen，Hjortskov，2016）。因此，为避免测量方式导致因变量测量偏差，本研究采用基于细分领域的多条目测量。由于公共服务定义和范围仍没有统一标准，公共服务项目也种类繁多，无法做到对所有公共服务类别进行测量（王晓东等，2016），因此，本研究选取代表性强、关注度高的公共服务类别。在参考了侯惠勤等主编的《公共服务蓝皮书——中国城市基本公共服务力评价》、新加坡南洋理工大学等推出的《连氏中国城市公共服务质量指数》等权威机构的公共服务评价指标的基础上，本研究选取了由中国人民大学发起的"中国综合社会调查"（CGSS）作为微观层面公共服务满意度评价的数据来源。在2013年的调查中，受访者被要求回答"您对如下公共服务（公共教育、医疗卫生、劳动就业、社会保障、公共文化与体育、城乡基础设施）的满意度如何?"测量值由"非常不满意"到"非常满意"依次赋值为"0—100"分。

整体而言，社会公众对各类公共服务基本满意，绝大多数得分居于60—70分之间。全国层面的统计显示，公众对公共教育的满意度评价最高，达到68.86分，对劳动就业的评价最低，得分为63.52分；城乡分区统计显示，城市居民对文化体育和基础设施的满意度评价要高于农村,但在公共教育、医疗卫生、劳动就业和社会保障等公共服务领域,农村居民的满意度评价要高于城市;分区域分析显示,东北地区的满意度评价整体较低,在公共教育、医疗卫生、劳动就业和社会保障领域均排名垫底,令人意外的是,这四项公共服务排名最高的并非东部发达地区而是西部欠发达地区,不过东部地区在文化体育和基础设施排名位列首位。各类公共服务满意度具体得分见表4-2。

表4-2　　　　　各类公共服务满意度的得分均值

公共服务类别	全国	城市	农村	东部	东北	中部	西部
公共教育	68.86	67.78	70.58	69.14	66.24	68.59	70.21
医疗卫生	65.82	64.88	67.31	66.66	62.69	65.13	67.02
劳动就业	63.52	62.75	64.75	64.62	59.26	62.98	64.79
社会保障	66.32	65.21	68.12	66.87	61.87	65.83	68.54
文化体育	65.22	66.2	63.67	67.39	63.41	63.31	64.86
基础设施	65.56	66.42	64.18	67.78	63.82	63.38	65.37

信效度检验是进行因子分析的必要前提。本研究使用克隆巴哈α系数检验量表的信度,一般要求该系数要大于0.700,结果显示文中题项的α系数为0.873,大于0.800,具有较高的内部一致性,信度良好。在因子分析之前,要进行巴特利球形检验和KMO检验。KMO取值在0—1之间,KMO值越接近1,意味着变量间的相关性越强,也越适合做因子分析,一般情况下KMO大于0.6可以被接受;巴特利球形检验要求卡方统计量达到显著水平小于0.001,相关系数矩阵不为单位阵,说明变量间存在相关关系,适合做因子分析。公共服务满意度各题项的检验结果显示,KMO值为0.859 > 0.6,巴特利特球体检验统计值Sig. = 0.000 < 0.001,达到显著性

水平，适合做因子分析。主成分分析共提取一个特征根大于 1 的主因子，且所有因子载荷值绝对值均大于 0.5，说明公共服务满意度 6 个题项具有一定的结构效度。具体的信效度检验和因子分析见附录 1。在参照了王欢明等（2017）的方法，将以上六类公共服务等权重加总得出公共服务满意度最终指标；得分越高，表示受访者对公共服务的满意度的评价越高。

二　自变量操作化

城市层面公共服务客观绩效的操作化同样借鉴了经典的"投入（Input）—产出（Output）—结果（Outcome）"模型（IOO 模型），但本研究的测量主要关注产出类和结果类指标。这是因为已有研究关注了投入类指标（纪江明、胡伟，2015；纪江明，2015；冯菲、钟杨，2016），而对产出类指标关注不足（王欢明、诸大建、马永驰，2016）。因此，本研究的客观绩效包括 6 个公共服务领域作为一级指标，并在借鉴前人研究基础之上，确定了 15 个二级指标（蔡秀云等，2012），例如以每万人拥有小学、中学、职业学校以及每万人小学、中学、职业学校专任教师数作为公共教育的代理变量。由于二级指标中各指标的量纲不统一，因此，为了消除量纲差异导致各指标无法直接汇总的问题，本研究对各二级指标数据进行标准化处理，即将原始数据转化为 0—1 的无量纲可比较指标。在完成对各二级指标的归一化处理后，通过等权重算数平均数法将其合并成为各一级指标，再通过等权重的方式将一级指标加总合成公共服务客观绩效最终得分。为了与 CGSS（2013）调查中的城市相匹配，本研究分析的有效城市为 81 个。81 个样本城市可以充分涵盖和代表不同地区、不同客观绩效和不同公共服务满意度的城市。

绩效感知（自变量）由受访者对公共服务资源的充足性感知、均衡性感知和便利性感知构成。这一测量方式主要借鉴自"投入

（Input）—产出（Output）—结果（Outcome）"模型，作为经典的组织绩效评价模型，IOO模型被广泛应用于公共服务绩效评价研究。蕴含着公共服务供给的充足性、均衡性和便利性。谢星全（2018）对公共服务绩效评价模型的总结发现，绩效主义质量观主要反映公共服务的客观产出或结果，包括投入、分配、产出过程等特征的考察与评估，分别对应提供充足、分配均衡与获得方便等供给链质量效果的监测与反馈。范柏乃和金洁（2016）通过个体对公共服务覆盖面、便利性以及开放性的感知测量公共服务供给感知，分别对应本研究的均衡性、便利性和可及性。信度检验结果显示，主观绩效感知各题项的克隆巴哈α系数为0.76，信度可被接受。KMO值为0.688＞0.6，巴特利特球体检验统计值Sig. = 0.000＜0.001，达到显著性水平，适合做因子分析。主成分因子分析法显示，主观绩效感知3个题项可以抽取一个特征值大于1的主因子，且所有因子载荷值绝对值均大于0.5，以上题项归属同一维度。具体的信效度检验和因子分析见附录2。

个体层面的认知偏差因素（自变量）包括政府角色认知和社会信任两大变量。政府角色认知通过三个题项测量（姬生翔、姜流，2017），分别是：如果有人在公共场所发布批评政府的言论，政府不应该干涉，您同意吗？生多少孩子是个人的事，政府不应该干涉，您同意吗？在哪里工作和生活是个人的自由，政府不应该干涉，您同意吗？受访者从"非常不同意""比较不同意""无所谓""比较同意""非常同意"5个选项中进行选择，依次赋值"1""2""3""4""5"。政府角色认知是个人意识形态的一部分，有"大政府"和"小政府"的倾向之分，前者对政府过多的干涉行为持有更为积极的态度，对政府行为的容忍和认可度也越高；而后者则恰恰相反，他们认为，政府对社会生活的干涉和管理越少越好，对政府行为的包容度也更低，也更为苛责。具体来说，在本研究中，政府角色认知得分越高，越持有"大政府"倾向，得分越低意味着"小政府"倾向越高。社会信任通过两个题项测量，分别是：总的来说，您同不同意在这个社会上，绝大多数人都是可以信任的？总的来说，您同不同意在这个社会上，您一不小心，别人就会想办法占您的便宜？受访者从"非常不同意""比较不同意""无所谓""比较同意""非常同意"5个选项中进行选择，依次赋值"1""2""3""4""5"。在参考了卢少云（2017）、唐立强和周静（2017）、穆滢潭和袁笛（2018）、黄丽娜和盛兰（2017）对社会信任测量的基础上，本研究将以上两个问项进行了加总平均。

三 控制变量操作化

为了进一步提升研究的稳健性，本研究除了因变量和自变量，还同时引入了微观和宏观两个层次的控制变量。微观层次的控制变量包括了性别、收入、年龄、媒体使用、党派。男性赋值为"1"，女性赋值为"0"；收入变量以家庭收入作为代理指标，直接表征为被访者汇报的实际家庭收入；年龄变量为被访者汇报的实际年龄。受教育程度方面，小学及以下（小学、私塾及没受过教育）教育水平赋值为"1"、中学（初中/普通高中/职业高中/中专/技校）教育水平赋值为"2"、大学及以上（大学专科/大学本科/研究生）教育水平赋值为"3"。在CGSS（2013）的调查中，受访者被要求回答使用报纸/杂志/广播/电视/互联网/手机定制消息六种新闻媒介的频率，媒体使用变量最终得分通过六个问题加总平均而得。受访者被要求回答所属党派的问题，"1"为中国共产党党员，"0"为其他。在宏观层次方面，本研究引入了样本城市的人均GDP、常住人口数和人均财政投入作为宏观层面的控制变量，并且在分析中使用了人均GDP和人均财政收入的自然对数形式（Ln）。本研究各变量的操作化汇总如表4-3所示。

第四章 研究设计

表4-3 变量操作化及指标来源

变量名称	变量层次	变量定义	操作化	参考来源	资料来源
因变量					
公共服务满意度	个体层面	您对如下公共服务的满意度如何：公共教育、医疗卫生、劳动就业、社会保障、公共文化与体育、城乡基础设施（1—100分）	首先将各类公共服务满意度进行标准化处理（取Z值），然后采用等权权重对其加总平均，得到公共服务满意度指标		CGSS2013
自变量					
客观绩效	宏观层面	公共教育：每万人拥有小学、中学、职业学校学校数；每万小学、中学、职业学校专任教师数；医疗卫生：每万人拥有医院、卫生院数；每万人拥有医院、卫生院床位数；每万人医生数量；劳动就业：年末城镇登记失业率；社会保障：城镇职工基本养老保险、医疗保险参保率；每百人拥有公共图书馆及藏书指数；公共文化与体育：城乡基础设施：人均城市道路面积（平方米）、建成区绿化覆盖率	首先将作为一级指标的6类公共服务客观绩效进行标准化处理（取Z值），然后加总平均，再以每类权重对其加总平均的方式将客观绩效进行等权重的公共服务客观绩效指标	汪小勤，吴士炜（2016）；王欢明，诸大建，马永驰（2015）	《中国城市统计年鉴》

· 95 ·

续表

变量名称	变量层次	变量定义	操作化	参考来源	资料来源
绩效感知	个体层面	综合考虑各个方面，您对我国目前公共服务总体上在各个方面的满意度如何？1. 公共服务资源分布的充足程度，2. 公共服务资源分布的均衡程度，3. 获取公共服务的便利程度（1 = "非常不满意"，5 = "非常满意"）	最终得分取三个题项的简单算术平均值	谢星全（2018）；范柏乃、金洁（2016）；Hvidman（2019）	CGSS2013
政府角色认知	个体层面	（1）如果有人在公共场所发布批评政府的言论，政府应不应该干涉，您同意吗？（1 = "非常不同意"，5 = "非常同意"）；（2）生多少孩子是个人的事，政府不应该干涉，您同意吗？（1 = "非常不同意"，5 = "非常同意"）；（3）在哪里工作和生活是个人的自由，政府不应该干涉吗？（1 = "非常不同意"，5 = "非常同意"）	最终得分取三个题项的简单算术平均值	姬生翔、姜流（2017）	
社会信任	个体层面	（1）"总的来说，您不同意在这个社会上，绝大多数人都是可以信任的"（1 = "非常不同意"，5 = "非常同意"）；（2）"总的来说，您不同意在这个社会上，您一不小心，别人就会想办法占您的便宜"（1 = "非常不同意"，5 = "非常同意"）	社会信任最终得分取两个题项的简单平均值	卢少云（2017）；唐立强、周静（2017）；穆滢潭、黄丽娜（2018）；袁笛、盛兰（2017）	

续表

变量名称	变量层次	变量定义	操作化	参考来源	资料来源
控制变量					
年龄	个体层面	16—96岁	连续变量		CGSS2013
性别		男=1,女=0	分类变量		
教育水平		0=没有受过教育，6=小学，9=初中，12=高中/技校/中专，15=大学专科，16=大学本科，19=研究生及以上	连续变量		
收入水平		您去年（2012）全年的家庭总收入是多少?	将收入值取对数，同时取平方	卢少云（2017）	
媒体使用		"过去一年，您对以下媒体（报纸、杂志、广播、电视、互联网、手机定制消息）的分别使用情况？"（1="从不"，5="非常频繁"）	最终得分取6个题项的简单平均数		
控制变量	宏观层面	人口密度	使用自然对数形式（Ln）	纪江明（2016）；马亮、杨媛（2019）	《中国城市统计年鉴》
		人均GDP			
		人均财政支出	使用自然对数形式（Ln）		

第四节 数据预处理

一 描述性统计

描述性统计是对研究中所有变量进行描述性统计，目的是掌握数据的基本特征，主要包括数据的频次分析、离散程度分析以及取值范围等。本研究采用算术平均值、标准差、最大值和最小值对涉及所有变量进行描述性统计（见表4-4）。在全国范围而言，公共服务满意度的取值为0—100分，均值为65.888分，说明公众的公共服务满意度仅处于基本合格水平。在绩效相关因素方面，客观绩效对数取值在-8.703—13.546之间，取值间距达到22.249，说明城市之间公共服务供给水平有着明显差距；个体层面绩效感知的取值在1—5之间，均值在2.949，处于平均偏上水平。在非理性因素方面，各维度的取值同样在1—5之间，政府角色认知为3.021，说明公众的大政府倾向更为强烈；社会信任的均值3.111，仅处于"一般信任"水平，说明当下社会的信任气氛并不乐观。

表4-4　　　　　　　　　描述性统计

变量	样本数	均值	标准差	最小值	最大值
公共服务满意度	5658	65.888	12.362	0	100
客观绩效	11232	2.021	4.123	-8.703	13.546
绩效感知	5658	2.949	0.719	1	5
政府角色认知	11232	3.021	0.751	1	5
社会信任	11232	3.111	0.791	1	5
人均GDP	11232	10.691	0.6303	9.219	11.659
年平均人口	11232	6.361	0.7001	4.447	8.116
人均财政投入	11232	8.993	0.714	7.077	10.371
性别	11232	1.497	0.5001	0	1

续表

变量	样本数	均值	标准差	最小值	最大值
家庭收入	10089	10.366	2.351	4.382	16.118
年龄	11232	47.631	16.403	16	96
教育程度	11232	1.522	0.761	1	2
媒体使用	11232	2.286	0.716	1	5
党员	11232	0.101	0.302	0	1

二 相关性分析

在使用跨层线性模型（HLM）进行数据统计分析之前，有必要检验各变量之间是否存在相关关系。变量间相关关系预示了变量之间存在相互影响的可能性，因而可以用其来初步判断变量之间关系的强弱以及作用方向。一般而言，社会科学界主要有 Pearson、Spearman 和 Kendall 三种常见的相关系数检验方法。其中，Pearson 相关系数更适合检验定距变量间的相关性。由于本研究微观个体层面的数据是采用李克特量表收集的定距数据，所以本研究选用 Pearson 相关系数来检验变量间的相关性。Pearson 相关系数通常用 r 来表示。r 的取值范围在 -1—1 之间，r 为正值指的是变量间存在正相关关系，r 为负值则与此相反，指的是变量间存在负相关关系。变量间相关性的强弱有赖于相关系数绝对值的大小，绝对值越大，相关性越强：当相关系数越接近于 1 或 -1，相关度越强；当相关系数越接近 0，相关度越弱。更为具体地说，当 $|r|=1$ 时，变量间完全线性相关；当 $|r|=0$ 时，变量间完全不存在线性关系；当 $0.3 \leqslant |r| \leqslant 0.5$ 时，变量间存在弱相关关系；当 $0.5 \leqslant |r| \leqslant 0.8$ 时，变量间存在低相关关系；当 $0.8 \leqslant |r| \leqslant 1$ 时，变量间存在高度相关关系。本研究变量间的相关性分析（Pearson 相关系数）见表 4-5。

表 4-5　变量间的相关性矩阵

变量	(1)	(2)	(3)	(4)	(5)	(6)	(7)	(8)	(9)	(10)	(11)	(12)	(13)	(14)
(1) 客观绩效	1.000													
(2) 人均GDP	0.483***	1.000												
(3) 年平均人口	-0.012	0.225***	1.000											
(4) 人均财政投入	0.565***	0.725***	0.243***	1.000										
(5) 性别	-0.023**	-0.008	0.014	-0.019**	1.000									
(6) 家庭收入	0.089***	0.059***	0.057***	0.051***	0.040***	1.000								
(7) 年龄	-0.043***	-0.052***	0.005	-0.036***	-0.004	-0.054***	1.000							
(8) 教育程度	0.148***	0.237***	0.139***	0.277***	-0.080***	0.039***	-0.253***	1.000						
(9) 媒体使用	0.188***	0.317***	0.153***	0.311***	-0.115***	0.010	-0.246***	0.578***	1.000					
(10) 党员	0.004	0.022**	0.014	0.038***	-0.148***	-0.045***	0.048***	0.265***	0.236***	1.000				
(11) 公共服务满意度	0.038***	0.044***	-0.004	0.014	0.010	-0.056***	0.105***	-0.052***	-0.008	0.031**	1.000			
(12) 绩效感知	0.097***	0.119***	0.063***	0.107***	0.031**	-0.022**	0.098***	-0.035***	0.014	0.010	0.475***	1.000		
(13) 社会信任	-0.023**	-0.050***	-0.015*	-0.075***	0.015	-0.046***	0.065***	-0.028***	-0.048***	0.038***	0.139***	0.089***	1.000	
(14) 政府角色认知	0.000	-0.053***	-0.019***	-0.039***	-0.004	-0.030***	0.061***	-0.074***	-0.045***	0.048***	0.108***	0.102***	0.068***	1.000

注：* 表示 P<0.1，** 表示 P<0.05，*** 表示 P<0.01。

三 组内相关性检验

组内相关系数（ICC）是衡量和评价观察者间信度（Inter-Observer Reliability）和复测信度（Test-Retest Reliability）的信度系数（Reliability Coefficient）指标之一。组内相关系数主要被用来检验个体层次变量在地区层次单位之间是否存在差异，并通过卡方检验（Chi-Square Test）检验组间差异是否具有显著性。跨层定量研究一般采用多层线性模型的零模型（Null Model）进行检验。所谓零模型指的是随机效应的单因素方差分析，即在模型拟合中只纳入个体层次的因变量，不纳入任何自变量，以此检验被解释变量是否以及在多大程度上存在组间差异。模型表达式如下：

Level1：$Y_{ij} = \beta_{0j} + r_{0j}$ [其中 Var（r_{0j}）= ^{2}，表示组内方差]；

Level1：$\beta_{0j} = \gamma_{00} + u_{0j}$ [其中 Var（β_{0j}）= τ_{00}，表示组间方差]；

$ICC = \tau_{00} / ^2 + \tau_{00}$

一般而言，学者们采用组内相关系数（ICC）作为参照指标，以此确定是否有必要构建多层线性模型（Cohen，1988）。根据著名组织行为学学者 Cohen 提出的评价标准，如果 ICC 值在 0.01—0.059 之间，表明在统计学意义上组内相关强度较弱，个体层次变量的组间差异不大，不足以引起学界重视，也就没有必要引入多层线性模型。反过来说，如果 ICC 值大于 0.059，说明组内相关强度较强，组间差异也较大，也就适合采用多层线性模型深入探究导致个体差异的缘由。因此，本研究通过随机效应方差分析检验个体公共服务满意度在不同城市间的差异程度，结果显示：全国层面的 ICC 值为 0.087，城市和农村地区的 ICC 值分别为 0.081 和 0.117，东部、东北、中部和西部地区的 ICC 值分别为 0.059、0.091、0.061 和 0.103。并且，在全国（Chibar2 = 315.20，P < 0.01）、城市（Chibar2 = 144.74，P < 0.01）、农村（Chibar2 = 158.40，P <

0.01）以及东部（Chibar2 = 70.25，P < 0.01）、东北（Chibar2 = 36.63，P < 0.01）、中部（Chibar2 = 47.78，P < 0.01）和西部（Chibar2 = 89.42，P < 0.01）地区城市层次的方差通过1%的显著性水平检验。因此，个体层次的公共服务满意度在全国及各地区的城市之间存在显著差异，需要采用多层线性模型更加科学地检验城市层面的影响因素。

四　共同方法偏差检验

共同方法偏差（Common Method Biases，CMB）又称同源误差，指的是因为同样的数据来源或评分者、同样的测量环境、项目语境以及项目本身特征所造成的预测变量与效标变量之间人为的共变（Hair et al.，1998）。严重的共同方法偏差会影响研究结果和研究结论的准确性。本研究采用Harman单因素检验对公共服务满意度、主观绩效感知、政府角色认知、社会信任和媒体使用5个因子进行共同方法偏差检验。结果显示，5个因子共解释了总变异量的60.29%，其中因子一解释了这些变量22.39%的方差，低于40%的临界值。并没有出现单个因子解释大部分变异量的情况，说明本研究微观层面的数据不存在严重的共同方法偏差。

本章小结

本章的四个小节主要完成了如下内容：第一小节主要是立足于第三章的理论框架，结合现有研究成果和我国公共服务的现实情境提出具体的研究假设。第二小节详细介绍了本研究微观层面的数据来源、收集方法和抽样过程，以及宏观层面统计数据的来源，并且简单展示了个体层面数据的样本分布。第三小节是变量操作化。首先对公共服务满意度进行变量操作化，信效度检验发现该种变量操作具有较好的信度和效度,并简单展示了公共服务满意度在全国及各地区的得分。其次对自变量进行操作化,包括微观层面的主观绩效感知、社会信任和政府角色认知,以及宏观层面的客观绩效。最后对控制变量进行了操作化分析。第四小节对本研究的宏微观数据进行了预处理,包括各个变量的描述性统计,以及变量间的相关性分析。随后,对城市层次公共服务满意度的组内相关性检验结果显示,个体公共服务满意度在不同城市间的差异均达到了有必要采用多层线性模型的程度。最后,对主要微观变量进行了共同法偏差检验,未旋转的因子分析结果显示,本研究个体层面变量不存在严重的共同方法偏差问题。

第五章 绩效与公共服务满意度的关系检验

第一节 客观绩效对公共服务满意度的影响

表5-1显示了在控制了宏微观变量的基础上,客观绩效在全国、城乡和分地区样本中对公共服务满意度的回归系数及其显著性。结果发现,客观绩效对公共服务满意度的影响在统计显著性和作用方向均存在一定异质性:其一,在农村和西部地区,客观绩效对公共服务满意度具有显著的正向影响,标准化回归系数分别为0.104($P<0.05$)和0.125($P<0.05$);其二,在全国、城市、东部和东北地区两者关系不具统计显著性;其三,两者关系在中部地区达到统计上的显著,但影响方向却是负向($\beta=-0.15$,$P<0.05$),城市的客观绩效越高,公众对公共服务的满意度评价反而越低。以上结果说明,客观绩效的提升能够提高农村和西部地区居民的公共服务满意度,但这种提升效应对全国、城市地区以及东部和东北地区居民的影响并不显著,在中部地区甚至存在负向的抑制作用。更进一步地,客观绩效与公共服务满意度究竟存在何种关系并不能一概而论,需要因地制宜地展开分析。不过整体而言,上述结果部分支持了假设H1。

表 5-1　　客观绩效对公共服务满意度影响的回归分析

变量	全国	城市	农村	东部	东北	中部	西部
个体层次变量							
性别（女）	0.035	0.022	0.073*	0.016	-0.001	0.057	0.073
家庭收入	-0.021	-0.043**	0.006	-0.02	-0.074*	-0.016	0.012
年龄	0.149***	0.104***	0.23***	0.098***	0.205***	0.181***	0.186
教育程度（初等教育）							
中等教育	-0.134***	-0.126***	-0.155**	-0.07	-0.191*	-0.134*	-0.246
高等教育	-0.07	-0.109**	0.239*	-0.063	-0.137	-0.039	-0.097
媒体使用	0.081***	0.079***	0.101**	0.061*	0.095	0.147***	0.083
党员（否）	0.102**	0.102**	0.196*	0.15**	0.11	0.163*	-0.084
宏观层次变量							
客观绩效	0.044	0.012	0.104**	-0.145	0.133	-0.15**	0.125**
人均 GDP	0.08*	0.1**	0.077	0.088	-0.308**	0.09	0.097
年平均人口	-0.03	-0.004	-0.032	-0.046	-0.035	-0.182***	0.051
人均财政投入	-0.101*	-0.108*	-0.09	0.033	0.159	-0.216	-0.162**
Cons	-0.219***	-0.214**	-0.276**	-0.074	-0.384**	-0.586***	-0.127
var (_Cons)	0.079	0.072	0.096	0.039	0.01	0.03	0.055
var (Residual)	0.905	0.93	0.838	0.881	10.03	0.891	0.869

注：* 表示 P<0.1，** 表示 P<0.05，*** 表示 P<0.01。

针对以上结果，接下来将进一步剖析其产生缘由：首先，为何客观绩效对公共服务满意度正向影响仅在农村和西部等欠发地区达到统计显著性。一方面，这可能和不同地区公共服务供给和需求的匹配程度有关。由于长期存在的城乡二元体制以及经济社会的非均衡发展，发达地区的公共服务水平要远超欠发达地区（翟秋阳、崔光胜，2015），这无形地型塑着当地居民的公共服务需求。相对来讲，欠发达地区居民对公共服务的需求层次更低，仍然处于由重视数量向重视质量的转型升级阶段，而发达地区居民的需求则处于追求服务质量阶段。而本书研究的测量依然偏重量的测量，一定程度上契合了现阶段西部和农村等欠发达地区居民的实际需求，但可能无法全面捕捉发达地区居民的切实需求，因此会出现两者不匹配的现象。另一方面，由于客观绩效与公众满意度评价之间存在无数的"中介变量"，而直接检验两者关系很可能掩盖其真实关系。

其次，为何中部地区的客观绩效与公共服务满意度反而呈显著的负向关系？本研究认为，这与中部地区人口流动导致的公共服务占有结构变化有关。众所周知，改革开放的深入发展的重要特征是，由于地理位置和风俗习惯的相近性，使得中部地区公众大量流入东部发达地区，许多中部地区城市出现严重的城市收缩（孙青、张晓青、路广，2019）。这至少导致了两个结果：一是人口大量流失抬高了城市公共服务的人均占有量，但由于生产力的下降以及劳动力人口的流失，公共服务水平得不到应有提高，供给与需求的错位使得公共服务数量越多，公众的满意度反而不升反降。二是由于经济社会活动的频繁互动，中部地区居民对发达省份完善的公共服务体系有了更为切身的了解和体验，这种显而易见的体验差距在抬高了他们对所在城市公共服务期望的同时，也增加了他们的不满情绪。正是基于上述两种原因使得中部地区居民的公共服务供给和需求匹配的过度错位，也就不难理解为何中部地区的客观绩效与公共服务满意度呈显著负向关系了。

此外，表5-1也汇报了微观和宏观层面控制变量对公共服务满意度的影响。在个体层面，本研究关注了性别、家庭收入、年龄、教育程度、媒体使用和党员身份六个变量。具体来说，在全部7个模型中，性别对公共服务满意度影响仅在农村地区（$\beta = -0.073, P < 0.1$）达到统计显著性，这意味着性别对公共服务满

意度的影响十分有限。对此,本研究认为随着国家现代化的发展,公众的性别平等观念越来越强,女性和男性在职业、家庭地位和社会地位等多方面日益平等化,从而不同性别对社会问题的看法也越来越趋同,差异化减小,因此公共服务满意度在性别上未能表现出显著差异。在家庭收入方面,家庭收入仅对城市居民公共服务满意度有显著的负向影响,其标准化系数为-0.043($P<0.05$),越高收入公众的公共服务满意度越低。这可能和高收入群体对公共服务的期望有关,由于高收入公众的生活水平和生活质量更高,自然也会提升其对公共服务的预期,也因此面对具有均等化特征的公共服务,高收入公众期望与实际服务感知之间的落差也更大,其满意度随即更低。在年龄方面,在全部7个模型中,年龄对公共服务满意度均具有正向影响。从政治心理角度来说,相比年轻人的思维活跃和批判性思考,年长者的政治态度更加保守,另一方面,从公共服务接触角度看,年长者更有可能接触医疗、广场等公共服务,而大量研究也发现,服务体验能够显著提升个体的公共服务满意度(Brown, Coulter, 1983; Hero, Durand, 1985; Kelly, Swindell, 2002)。在教育程度上,总体来看,受教育水平对公共服务满意度具有负向影响,但其影响程度不及人们预期那样显著。在媒体使用方面,已有研究发现媒体使用与公共服务满意度以及政府信任的关系较为复杂,既有积极效用学说也有媒体抑制说。本研究的结论支持了积极效用说,在全国范围,媒体使用越频繁,公众的公共服务满意度越高,其标准化回归系数为0.081($P<0.01$)。并且,这一效应在农村($\beta=0.101$, $P<0.05$)的影响要高于城市($\beta=0.079$, $P<0.01$),而在分地区回归中,中部地区是媒体使用唯一能够显著提升当地公共服务满意度的地区,同时正向作用最为强烈,其标准化系数达到0.147($P<0.001$)。在党员身份方面,在全国、城市、农村以及东部和中部地区,具有党员身份公众的公共

服务满意度明显更高。其原因可能是，共产党作为我国的执政党，大多数党员是党政部门的公务员或是事业单位的"准公务员"，特殊的地位使得他们"近水楼台先得月"，能够更便捷和容易地获得优质的公共服务，因此他们的公共服务满意度自然更高。这种现象在农村地区体现得尤为明显，从作用程度来看，农村地区党员身份对公共服务满意度的非标准化系数高达0.196（$P<0.1$），影响效应高出全国平均水平（$\beta=0.102$，$P<0.05$）近一倍，这说明身份优势在公共资源相对匮乏的农村显得尤为重要，也侧面反映了农村地区公共服务的普惠性和均等性有待加强。

从宏观的控制变量来看，人均GDP对全国（$\beta=0.08$，$P<0.1$）、城市（$\beta=0.1$，$P<0.05$）地区居民的公共服务满意度有显著正向影响，但与东北（$\beta=-0.308$，$P<0.01$）地区居民的公共服务满意度呈显著负向影响。对于在全国和城市地区的正向影响基本符合了人们的一般认知，在经济发展水平更好的城市，公共服务的供给主体、方式、数量和质量更为多元和丰富，当地公众可以按照自身需求选择适合的公共服务，从而更能满足其需求和预期，自然也有利于他们给予公共服务更高的评价。但在东北地区却呈现负向效应，本研究认为，其原因依然和公共服务供给和需求不匹配有关。有研究发现，东北地区经济发展与基本公共服务的协调性十分有限，并且协调度的区域绝对差异和相对差异均呈扩大趋势（张宇等，2016）。经济的不断发展并未带动公共服务水平的相应提升，但公众的公共服务需求和预期却在持续升高，实际供给和自身需求的巨大差距导致了居民对公共服务的不满情绪，使得经济发展越好的城市的公共服务满意度反而越低。在年平均人口变量上，年平均人口越多地区居民的公共服务满意度越低。由于公共服务的性质千差万别，虽然在国防、治安等纯公共物品具有全民普惠特征，但大多数诸如医疗、教育、环境等公共服务类别上则更多体现出较强的

排他性和竞争性,其结果是同质同量的公共服务供给,在人口越多地区,公众享受相同公共服务体验需要付出更大的代价,进而导致更低的公共服务满意度评价。在人均财政投入方面,整体来看,其与公共服务满意度呈负向关系,并且在全国($\beta = -0.101$,$P<0.1$)、城市($\beta = -0.108$,$P<0.1$)和西部地区($\beta = -0.162$,$P<0.05$)具有统计上的显著性。本研究认为,造成这一现象的原因可能和现阶段公共服务的供给内在逻辑有关。我们知道,"晋升锦标赛"催生了我国官场的"政绩"文化,这不仅导致了地方官员偏向于将公共财政投入经济生产而非公共服务中,即便是在公共服务供给中,也会选择那些"有形可见"的供给方式来凸显政绩,而对公共服务实际质量和效果的重视度不足,最终导致公共服务陷入"数量不断提升—质量反倒下降"的恶性循环。其结果就是,所在地的人均财政投入越高,公众的公共服务满意度却反而越低。并且,这种负向影响在西部地区最为强烈,也说明公共服务供给受"政绩文化"裹挟的程度更加深刻。最后,需要说明的是,由于控制变量并非本研究关注的核心和重点,并且其在以下模型的作用效果和上述结果差异较小,因此,在接下来的内容中不再过多赘述控制变量与公共服务满意度的关系。

第二节 绩效感知对公共服务满意度的影响

表5-2列出了个体层面的绩效感知对公共服务满意度影响的回归分析结果,分别显示了基于全国、分城乡以及分地区样本的标准化回归系数及显著性。结果表明:主观绩效感知在全部样本中均对公共服务满意度有显著的正向影响,并且均在1%置信水平上显著。该结果符合理性人假设下的理论预设,即主观绩效感知越高,公众的公共服务满意度越高。按照影响程度划分,绩效

感知对公共服务满意度的影响可分为高、中、低三个梯度：在东部地区和城市样本的高梯度中，绩效感知对公共服务满意度的标准化系数分别达到 0.487 和 0.476，这意味着当地公众的绩效感知每提升一个标准差，其公共服务满意度分别提高 0.487 和 0.486 个标准差；在由全国和西部样本组成的中梯度中，绩效感知对公共服务满意度的标准化系数分别达到 0.456 和 0.451；在低梯度的农村、东北和中部样本中，绩效感知对公共服务满意度的影响程度最低，其标准化系数分别为 0.426、0.435 和 0.428。整体而言，不论在发达抑或是相对落后地区，主观绩效感知对公共服务满意度均呈现显著而稳健的积极作用，具有一定的"普适性"。至此，假设 H2 得以验证。

值得注意的是，从以上的梯度划分来看，与全国和西部样本相比，主观绩效感知对公共服务满意度的影响在东部和城市样本中更为强烈，即越是在发达地区的公众，其公共服务满意度越受到绩效感知的影响。针对此，本研究的解释是，生活在发达地区的公众更具有批判性思维，倾向于从成本—收益的角度客观评价事务，因此，在进行公共服务满意度评价时，更偏向从公共服务质量如何、资源充足与否以及是否具有普惠性等多维绩效视角进行理性研判，只有当公共服务各个维度的绩效表现达到其主观预期时，才会给予更高的公共服务评价。相比之下，欠发达以及不发达地区公众的理性思维能力则略显薄弱，他们更不会从诸如公共资源的普惠性、均等化等多维绩效角度综合评价公共服务，较低的理性思考程度自然削弱了绩效感知在其公共服务满意度评价中的作用。从以上视角出发，也就不难理解为何发达地区公众的公共服务满意度与绩效感知的联系更为密切了。

表 5-2　　绩效感知对公共服务满意度影响的回归分析

变量	全国	城市	农村	东部	东北	中部	西部
个体层次变量							
绩效感知	0.456***	0.476***	0.426***	0.487***	0.435***	0.428***	0.451***
性别（女）	-0.002	-0.032	0.058	-0.003	-0.041	-0.011	0.051
家庭收入	-0.021*	-0.047***	0.015	-0.027	-0.053	-0.02	0.012
年龄	0.081***	0.038	0.152***	0.053*	0.112*	0.105**	0.107***
教育程度（初等教育）							
中等教育	-0.094	-0.082**	-0.116*	-0.032	-0.184**	-0.079	-0.179**
高等教育	-0.009	-0.04	0.289**	-0.003	-0.085	0.037	0.006
媒体使用	0.052**	0.044*	0.069**	0.017	0.016	0.118**	0.073
党员（否）	0.073*	0.069	0.17*	0.06*	0.02	0.078	-0.009
宏观层次变量							
人均 GDP	0.05	0.063	0.046	0.083	-0.068	0.062	0.138**
年平均人口	-0.045	-0.008	-0.057	-0.088	-0.138***	-0.137**	-0.013
人均财政投入	-0.076*	-0.1**	-0.021*	-0.062	0.054	-0.301*	-0.077
Cons	-0.103	-0.056	-0.193	-0.001	-0.207	-0.359**	-0.086
var (_Cons)	0.043	0.037	0.057	0.022	10.63e-2	0.021	0.045
var (Residual)	0.723	0.726	0.696	0.669	0.872	0.743	0.689

注：* 表示 $P<0.1$，** 表示 $P<0.05$，*** 表示 $P<0.01$。

第三节　绩效感知对客观绩效影响公共服务满意度的中介作用检验

上述结果仅探究了客观绩效、主观绩效感知影响公共服务满意度的直接效应，并未涉及三者的复杂关系。根据坎贝尔模型，客观环境需要通过刺激个体的主观认知感受影响居民满意度，个体在所处客观环境中受到某种刺激，通过在对这些刺激进行认知加工的基础上，按照自身的评判标准做出主观评价，进而形成对客观特征的满意度评价（刘勇，2010）。针对本研究而言，在客观绩效影响居民公共服务满意度的关系中，个体的主观绩效感知起到了中介作用。依据 Baron 和 Kenny（1986）提出的逐步回归检验法：首先，自变量对因变量进行回归，回归系数必须显著；其次，自变量对中介变量进行回归，回归系数必须显著；最后，将自变量、中介变量同时对因变量进行回归，中介变量的回归系数必须显著，而自变量的回归系数不显著或有所减少。上一节数据结果显示，自变量（客观绩效）对因变量（公共服务满意度）的影响只在农村、中部和西部地区具有统计显著性（见表 5-1），因此中介效应分析仅包括以上三个地区。为控制跨层数据可能引致低估标准误的风险，得到显著性回归系数，本研究采用了 Krull 和 MacKinnon（2001）提出的检验方法以验证研究提出的中介假设。

表 5-3 的数据结果显示，在第一步检验自变量对因变量的影响中，M1、M4 和 M7 分别显示客观绩效对农村居民（$\beta=0.104$，$P<0.05$）、中部居民（$\beta=-0.154$，$P<0.05$）和西部居民（$\beta=0.124$，$P<0.05$）的公共服务满意度均具有显著影响。第二步检验自变量对中介变量的影响。在 M2、M5 和 M8 三个模型中，仅有 M2 显示客观绩效对农村居民（$\beta=0.067$，$P<0.1$）的主观绩效感知具有显著影响，说明只有农村样本通过检验，而中部和西部样本未通过检验。第三步检验自变量、中介变量对公共服务满意度的影响。在将客观绩效、绩效感知同时纳入 M3 后，客观绩效的回归系数不显著（$\beta=0.071$，$P>0.1$），而绩效感知的回归系数却非常显著（$\beta=0.424$，$P<0.01$）。这表明在农村地区，绩效感知在客观绩效与公共服务满意度关系间起到完全中介作用。最后，采用 Selig 和 Preacher（2012）的中介显著性检验方法，运用 Stata 软件中的 Bootstrap 功能进行中介检验，抽样次数设置为 500 次，置信区间设置为 95%，分析结果发现，绩效感知对客观绩效与公共服务满意度关系中介作用的 95% 置信区间均不包括 0（indeff=0.033，95% CI [0.004, 0.0704]）。至此，假设 H3 得以部分验证。

第五章 绩效与公共服务满意度的关系检验

表5-3 绩效感知对客观绩效影响公共服务满意度的中介作用回归分析

变量	公共服务满意度 农村(M1)	中部(M4)	西部(M7)	绩效感知 农村(M2)	中部(M5)	西部(M8)	公共服务满意度 农村(M3)	中部(M6)	西部(M9)
个体层次变量									
绩效感知							0.424***	425***	0.451***
性别（女）	0.073*	0.056	0.073	0.027	0.053***	0.048	0.058	-0.007	0.047
家庭收入	0.006	-0.015	0.011	-0.011	0.005	0.004	0.01	-0.018	0.009
年龄	0.23***	0.179***	0.187***	0.133***	0.177***	0.118***	0.163***	0.105**	0.123***
教育程度（初等教育）									
中等教育	-0.155**	-0.133*	-0.242**	-0.063	-0.131*	-0.148**	-0.126*	-0.078	-0.169**
高等教育	0.239**	-0.037	-0.091	0.024	-0.186**	-0.186**	0.228**	0.039	-0.002
媒体使用	0.101**	0.149**	0.084*	-0.063*	0.041	0.036	0.067*	0.128***	0.062
党员（否）	0.196*	0.163*	-0.082*	0.024	0.199**	-0.091	0.163*	0.078	-0.037
客观层次变量									
客观绩效	0.104**	-0.154**	0.124*	0.067*	-0.071	0.024	0.071	0.036**	0.111*
人均GDP	0.077	0.088	0.096	0.061*	0.128	0.051	0.036	-0.154	0.071
年平均人口	-0.032	-0.181**	0.051	0.077	-0.065	0.037	-0.032	-0.184**	0.032
人均财政投入	-0.09	-0.208	-0.162**	0.004	-0.081	-0.076	-0.052	-0.379	-0.122*
Cons	-0.276***	-0.586***	-0.134	-0.069***	-0.482***	20.918	-10.693***	0.036**	-10.634
var (_Cons)	0.096	0.208	0.276	0.223	0.153	0.162	0.251	0.155	0.213
var (Residual)	0.838	0.946	0.934	0.733	0.921	0.766	0.846	0.864	0.849

注：* 表示 $P<0.1$，** 表示 $P<0.05$，*** 表示 $P<0.01$。

本章小结

本章使用中国社会综合调查（CGSS 2013）和《中国城市统计年鉴（2013）》的多源数据，通过多层线性模型（HLM）探究了宏观层面的客观绩效和微观层面的主观绩效感知等绩效类因素对个体公共服务满意度的影响，并分析了这些关系在城乡和地区间的差异。

首先，从绩效与公共服务满意度的直接关系来看，主观绩效感知对公共服务满意度具有显著正向影响（H2），而客观绩效的影响效应（H1）在不同地区存在显著性和方向上的异质性。其中，主观绩效感知对个体公共服务满意度的标准化回归系数在全国、城乡和分地区检验中均超过0.4，且基本在1%的置信水平上显著。客观绩效对公共服务满意度的显著作用仅出现在农村、中部和西部地区，并且在中部地区体现为显著的负向影响，本研究也从由于地区经济发展和人口流动等因素导致的供给和需求匹配度等视角解释了这一现象。在作用强度方面，与客观绩效相比，主观绩效感知对公共服务满意度的正向影响明显更为强烈。该结果一方面检验了顾客满意度模型的理论主张，即个体感知到的公共服务水平是其进行满意度评价的关键变量，同时也说明了在理性人假设下的理论模型中，微观层面的理论模型的解释力可能要强于宏观层面。在作用范围和方向方面，主观绩效感知在全国及各个分地区回归模型中均显著正向影响公共服务满意度，而客观绩效的显著作用不仅范围有限，统计显著程度较低，而且在不同地区存在作用方向的异质性。这一结果说明，主观绩效感知对公共服务满意度的影响可谓"放之四海而皆准"，具有相当的稳定性，而客观绩效的作用效应则不能一概而论，必须要具体问题具体分析。

其次，主观绩效感知在客观绩效与公共服务满意度关系间的中介作用得到部分验证（H3）。这一定程度上支持了 Gregg G. Van Ryzin（2007）和张龙鹏等（2020）的观点，表明政府客观绩效对公共服务的影响是一个多阶段的传递过程，而本研究正揭示了这一过程机制。具体而言，在农村地区，主观绩效感知完全中介了客观绩效对公共服务满意度的影响。换而言之，客观绩效在发挥效用的过程中，必须要通过提升个体对公共服务便利性、充足性以及均衡性等方面的感知水平，才能真正提高社会公众的公共服务满意度。

第六章 认知偏差与公共服务满意度的关系检验

第一节 认知偏差对公共服务满意度的影响

一 政府角色认知对公共服务满意度的影响

表 6-1 呈现的是非理性因素中政府角色认知与公共服务满意度的回归系数及其显著性。结果显示,除了中部地区（$\beta = 0.026$,$P > 0.001$）外,政府角色认知在其他 6 个样本模型中均对公众满意度有正向影响,并基本在 1% 的置信水平上显著,即不论是全国层面还是城市乡村抑或不同地区,大政府倾向越高个体的公共服务满意度也越高。该结论也支持了 Andersen 和 Hjortskov（2016）以及 Marvel（2015,2016）的近期研究结论,即公众在评价公共服务时受到刻板印象等无意识偏差的影响,使得公共服务满意度并不是客观公共服务绩效水平的主观体现,因此,他们质疑公共服务主观评价的有效性（Andersen, Hjortskov, 2016; Marvel, 2015; Marvel, 2016）。本研究的结果也进一步说明,现阶段公众对公共服务的满意度评价确实存在着认知偏差效应,并且这一效应非常普遍。因此,假设 H4a 基本得以验证。

值得注意的是,两者关系在不同地区体现出一定异质性。具体来说，政府角色认知对东北地区公众公共服务满意度的影响最为强烈，标准化回归系数达到 0.169，并且在 1% 的置信水平上显著。本研究认为之所以如此，是因为受到地区经济社会历史的影响，东北地区的经济长期以重工业为主，这些行业通常需要大量的政府干预和调控，也使得公众更倾向于支持政府干预和控制经济，进一步形成了公众更为强烈的大政府倾向。这也解释了为何东北地区的政府角色认知对公众公共服务满意度的影响最为强烈。在城乡样本对比中，城市居民的政府角色认知对公共服务满意度的影响要高于农村居民，标准化回归系数分别达到 0.089（P＜0.001）和 0.052（P＜0.005），城市样本的系数不仅更高而且更加稳健，即城市公众的政府角色认知对其公共服务满意度的影响更大。对此，本研究认为，由于改革开放以来，城市化进程不断深入，在推动经济发展的同时，也在促进政治民主化发展，城市居民的后物质主义价值观不断增强，追求个性解放、批判性思维以及平等自由等去权威化理念逐渐形成，使得城市公众的大政府观念不断被压缩，也就凸显了大政府倾向的独特价值，进而也提升了大政府倾向对公共服务满意度评价的重要性。不过，对于全国整体而言，政府角色认知对公共服务满意度具有显著的影响（$\beta = 0.079$，$P < 0.001$），支持了本研究的研究假设 H4b。

表 6-1　政府角色认知对公共服务满意度影响的回归分析

变量	全国	城市	农村	东部	东北	中部	西部
个体层次变量							
政府角色认知	0.079***	0.089***	0.052**	0.068***	0.169***	0.026	0.094***
性别（女）	0.035	0.019	0.074*	0.022	-0.001	0.051	0.069
家庭收入	-0.02	-0.042**	0.006	-0.021	-0.078**	-0.015	0.01
年龄	0.137***	0.09***	0.221***	0.087**	0.181***	0.175***	0.17***

续表

变量	全国	城市	农村	东部	东北	中部	西部
教育程度（初等教育）							
中等教育	-0.132***	-0.121***	-0.155**	-0.065	-0.177*	-0.134*	-0.247***
高等教育	-0.061	-0.095*	0.232*	-0.051	-0.112	-0.041	-0.087
媒体使用	0.08***	0.076**	0.1**	0.059	0.079	0.14***	0.077
党员（否）	0.088*	0.085	0.186*	0.142**	0.079	0.156*	-0.088
宏观层次变量							
人均GDP	0.093**	0.106**	0.095	0.062	-0.227**	0.111	0.179**
年平均人口	-0.039	-0.009	-0.062	-0.065	-0.157**	-0.16**	0.016
人均财政投入	-0.084	-0.103*	-0.058	-0.024	0.192	-0.348*	-0.126*
Cons	-0.215***	-0.202**	-0.292**	-0.058	-0.402*	-0.564***	-0.122
var (_Cons)	0.075	0.071	0.097	0.044	0.01	0.04	0.059
var (Residual)	0.9	0.922	0.837	0.877	10.012	0.892	0.862

注：* 表示 $P<0.1$，** 表示 $P<0.05$，*** 表示 $P<0.01$。

二 社会信任对公共服务满意度的影响

表6-2给出了非理性因素中的社会信任对公共服务满意度的回归系数及其显著性。结果显示，社会信任在全部7个模型中均能显著提升公众的公共服务满意度，并且除中部地区在5%置信水平上显著外，其余模型全部在1%的置信水平上显著。这说明，公共服务满意度的认知偏差效应，不仅受制于个体对政府角色的认知，也是公众社会态度型塑的结果，即社会信任度较高公众的公共服务满意度更高。

具体来说，从城乡对比角度来看，城市公众社会信任对公共服务满意度的正向效应的标准化系数达到0.119（$P<0.001$），比农村地区的高出0.017个标准差，这意味着社会信任对城市居民公共服务满意度的提升效应更为明显。可能的原因是，由于城市化进程

第六章 认知偏差与公共服务满意度的关系检验

的影响，城市居民的组成结构往往极为多元，彼此间的信任基础不尽相同，导致不同群体的社会信任的差异比较大。比如在以本地人为主的旧城区，居民间的关系更为紧密，社会信任度相对高，而在城中村或农民工聚居区，人口流动很大，人们的关系比较松散，社会信任也更低。而这种社会信任间的结构性鸿沟进一步导致公共服务满意度的差异更加明显，这也提醒我们，城市居民的社会信任是公共服务满意度的重要来源。从分地区回归数据来看，社会信任对东北和西部地区公众公共服务满意度的正向作用最为明显，标准化回归系数分别达到 0.166（$P<0.001$）和 0.153（$P<0.001$），社会信任度每提高一个标准差，公共服务满意度便提升 0.166 和 0.153 个标准差。对此，本研究认为，可能的原因是，近十几年来，东北和西部地区面临大量的人口流出，原有牢固的社会网络被不断肢解，使得社会信任陷入结构性流失的窘境，这就拉大了不同群体间的社会信任差距，进而提升了社会信任在个体公共服务评价中的权重，也凸显了社会信任在以上两个地区的重要价值。社会信任对中部地区公众公共服务满意度的正向影响最弱，标准化回归系数仅为 0.06（$P<0.05$），仅相当于东北地区的三分之一。对此，本研究认为，虽然中部地区也是人口流出的重点地区，但相比东北和西部地区"单打独斗""一去不回"的人口流动方式，中部地区公众的迁徙有很大不同，其流动过程体现出强烈的"成群结队"和"衣锦还乡"色彩。不论是在迁入地或迁出地，他们的原有社会网络并未完全隔断，其社会信任水平不会有结构性变化或断层，也不会产生群体间社会信任的结构性差异，也因此有限的社会信任群体差异也使得其对这一地区公众公共服务满意度的影响没有其他地区那么强烈而显著。

表6-2　　　社会信任对公共服务满意度影响的回归分析

变量	全国	城市	农村	东部	东北	中部	西部
个体层次变量							
社会信任	0.116***	0.119***	0.102***	0.112***	0.166***	0.06**	0.153***
性别（女）	0.033	0.017	0.072*	0.015	0.007	0.051	0.073
家庭收入	-0.018	-0.041**	0.008	-0.021	-0.07*	-0.012	0.01
年龄	0.132***	0.092***	0.207***	0.085**	0.166***	0.17***	0.168***
教育程度（初等教育）							
中等教育	-0.132	-0.123***	-0.155**	-0.071	-0.183*	-0.139*	-0.205**
高等教育	-0.089	-0.123**	0.191	-0.078	-0.126	-0.058	-0.123
媒体使用	0.08	0.071***	0.105**	0.051	0.069	0.144***	0.087*
党员（否）	0.101	0.097*	0.19*	0.155**	0.104	0.163*	-0.084
宏观层次变量							
人均GDP	0.087	0.094*	0.095	0.05	-0.259***	0.112	0.149*
年平均人口	-0.041	-0.006	-0.067	-0.074	-0.119	-0.158**	0.005
人均财政投入	-0.073	-0.088	-0.061**	0.003	0.192	-0.342*	-0.121
Cons	-0.212	-0.175*	-0.308	-0.023	-0.392*	-0.578***	-0.142
var(_Cons)	0.076	0.07	0.098	0.043	0.012	0.039	0.066
var(Residual)	0.893	0.916	0.83	0.869	1.012	0.889	0.846

注：*表示 P<0.1，**表示 P<0.05，***表示 P<0.01。

第二节　认知偏差对客观绩效影响公共服务满意度的调节作用

一　政府角色认知的调节作用

表6-3展示了个体层面政府角色认知对宏观层面客观绩效影响公共服务满意度调节作用的跨层交互回归结果。结果显示，客观绩效与政府角色认知的交互项能够显著提升东北地区居民的公共服务满意度（β=0.089，P<0.05）；而在全国、城乡和其他地区，

虽然两者交互项也呈现正向关系，但并未通过显著性检验。具体来说，在东北地区，客观绩效与政府角色认知交互项的标准化回归系数达到0.089，并在5%置信水平上显著，即当个体对政府角色的认知越具有大政府倾向时，城市客观绩效对其公共服务满意度的影响也越积极。因此，假设H5得以部分验证。

为了更细致地刻画该调节作用，本研究遵循Aiken和West（1991）的建议（同样适用于以下所有调节效应图），在图6-1中画出在政府角色认知得分高于和低于均值一个标准差的水平下客观绩效与公共服务满意度的关系。从可视化图可以看出，随着个体大政府倾向的提高，城市客观绩效对个体公共服务满意度的影响由负向转为正向。这不仅有力地说明了公共服务满意度存在认知偏差效应，同时也意味着，个体政府角色认知这一非理性因素能够扭转客观绩效与公共服务满意度的关系方向，起到"扭转乾坤"的作用。

表6-3 政府角色认知对客观绩效影响公共服务满意度的调节作用回归分析

变量	全国	城市	农村	东部	东北	中部	西部
个体层次变量							
政府角色认知	0.088***	0.115***	0.056***	0.079**	0.151***	-0.001	0.031
性别（女）	0.032	0.013	0.075*	-0.004	-0.061	-0.009	0.05
家庭收入	-0.021	-0.041**	0.005	-0.025	-0.065*	-0.019	0.013
年龄	0.13***	0.082***	0.221***	0.038	0.098*	0.107**	0.103**
教育程度（初等教育）							
中等教育	-0.138***	-0.123***	-0.159***	-0.037	-0.202**	-0.08	-0.178**
高等教育	-0.054	-0.085*	0.226*	0.008	-0.072	0.037	0.009
媒体使用	0.077***	0.066	0.107**	0.013	0.024	0.128***	0.072
党员（否）	0.086*	0.079**	0.188**	0.117**	-0.002	0.128	-0.014
宏观层次变量							

续表

变量	全国	城市	农村	东部	东北	中部	西部
客观绩效	0.042	0.012	0.101**	-0.189***	0.029	-0.112**	0.128***
人均GDP	0.097**	0.113**	0.081	0.119	-0.048	0.041	0.063
年平均人口	-0.023	-0.003	-0.027	-0.058	-0.137**	-0.15***	0.033
人均财政投入	-0.103*	-0.105	-0.084	0.008	0.046	-0.19	-0.109**
宏微观交互项							
客观绩效×政治角色认知	0.013	0.008	0.018	-0.018	0.089*	0.002	-0.008
Cons	-0.191**	-0.159*	-0.286**	0.008	-0.149	-0.375	-0.1
var（PA）	0.018	0.021	0.009	0.011	0.01	0.008	0.001
var（_Cons）	0.072	0.07	0.085	0.01	4.81e-20	0.017***	0.027
var（Residual）	0.88	0.89	0.83	0.652	0.841	0.734	0.687

注：(1) GRC 是政府角色认知（Government Role Perception）的英文缩写；(2) * 表示 $P<0.1$，** 表示 $P<0.05$，*** 表示 $P<0.01$。

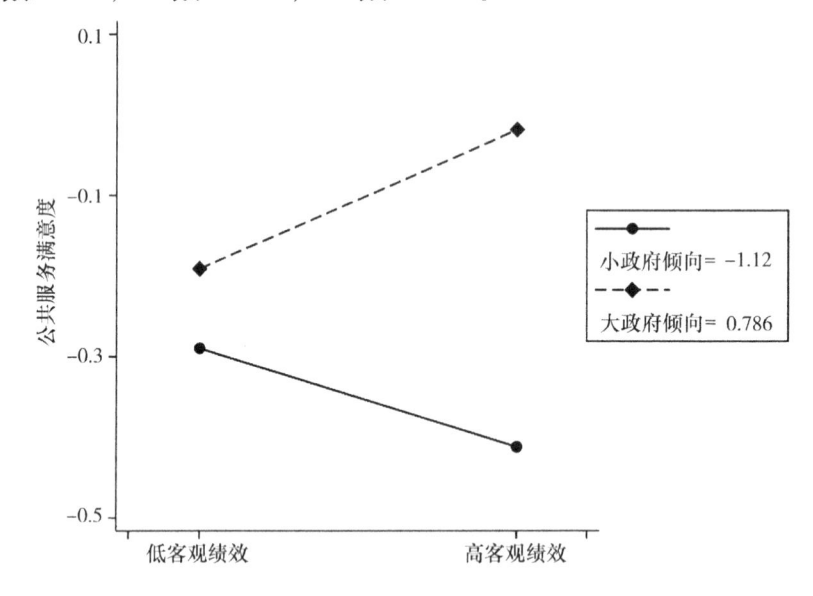

图 6-1 政府角色认知对客观绩效影响公共服务满意度的调节作用（东北）

第六章 认知偏差与公共服务满意度的关系检验

二 社会信任的调节作用

表6-4和图6-2、图6-3展示了个体层面社会信任对宏观层面客观绩效影响公共服务满意度的调节作用的跨层交互回归结果。结果显示，社会信任与客观绩效的交互项显著提升了全国和西部地区居民的公共服务满意度；在全国样本中，两者交互项的标准化回归系数为0.032，并且在10%的置信水平上显著；在西部样本中，两者交互项的标准化回归系数为0.047，并且通过5%统计显著性检验。这说明，在全国范围和西部地区，随着个体社会信任程度的不断提升，所在城市的客观绩效的提高对公共服务满意度的积极影响也在不断增强。与此同时，虽然客观绩效与社会信任的交互效应在城市地区（β=0.033，P>0.1）、农村地区（β=0.028，P>0.1）、东部地区（β=0.047，P>0.1）、东北地区（β=-0.019，P>0.1）和中部地区（β=0.001，P>0.1）并未通过统计显著性检验，但大多数的标准化系数为正。因此，整体而言，由社会信任引发的"信任偏差"在客观绩效影响公共服务满意度的调节作用得到一定范围内的证实，进而也部分支持了假设H5b。接下来，分别通过可视化图6-2和图6-3，更为细致地分析"信任偏差"对客观绩效影响公共服务满意度的调节作用。

表6-4　　社会信任对客观绩效影响公共服务满意度的调节作用回归分析

变量	全国	城市	农村	东部	东北	中部	西部
个体层次变量							
社会信任	0.122***	0.123***	0.108***	0.102***	0.156***	0.068	0.156***
性别（女）	0.032	0.015	0.07*	0.014	0.007	0.057	0.062
家庭收入	-0.02	-0.041**	0.007	-0.019	-0.072*	-0.016	0.01

续表

变量	全国	城市	农村	东部	东北	中部	西部
年龄	0.134***	0.093***	0.211***	0.085**	0.168***	0.175***	0.17***
教育程度（初等教育）							
中等教育	-0.129***	-0.123***	-0.15**	-0.073	-0.189*	-0.139*	-0.201**
高等教育	-0.087*	-0.121**	0.179	-0.08	-0.132	-0.069	-0.115
媒体使用	0.08***	0.071***	0.106**	0.054	0.078	0.152***	0.088*
党员（否）	0.98	0.093*	0.193*	0.154**	0.091	0.154*	-0.087
宏观层次变量							
客观绩效	0.03**	0.006	0.088*	-0.135	0.103	-0.151**	0.107*
人均GDP	0.076	0.088*	0.079	0.073	-0.305	0.07	0.083
年平均人口	-0.032	-0.002	-0.035	-0.052	-0.04**	-0.175**	0.043
人均财政投入	-0.075	-0.081	-0.08	0.055	0.187	-0.163	-0.143**
宏微观交互项							
客观绩效×社会信任	0.032*	0.033	0.028	0.047	-0.019	-0.001	0.047**
Cons	-0.207***	-0.17*	-0.291**	-0.041	-0.344	-0.585***	-0.139
var（PA）	0.009	0.008	0.006	0.003	0.001	0.018	0.001
var（_Cons）	0.074	0.07	0.092	0.038	0.009	0.029	0.054
var（Residual）	0.883	0.9	0.823	0.865	1.01	0.87	0.842

注：*表示 P<0.1，**表示 P<0.05，***表示 P<0.01。

从可视化图6-2可知，社会信任会增强客观绩效与公共服务满意度之间的关系，并且随着个体的社会信任水平由低变高，客观绩效对公共服务满意度的影响由微弱的负向作用转为强烈的正向影响。这意味着由于社会信任水平的不同，客观绩效对公共服务满意度的关系差异巨大，对于高社会信任的个体，客观绩效越高，越有利于公共服务满意度的提升，但对于低社会信任的个体，客观绩效越高反而降低了他们的公共服务满意度。其内在机理可能是，社会信任程度越高的公众，也更加信任政府，越相信政府提供的公共服务是回应公众诉求、满足人民需求的负责任表现,进而其公共服务满意度也更高;与此相反,低社会信任公众的政府信任度本身就不高,更倾向于将政府的公共服务视作谋取自身利益的手段,更容易将公共服务与腐败、低效和自利联系起来,进而导致政府提供的公共服务越多,其满意度越低。这一结果也再次提醒政府部门,提升公共服务满意度应该是全方位的,一味地做好公共服务供给是不够的,还须关注引致个人认知偏差的非理性因素。

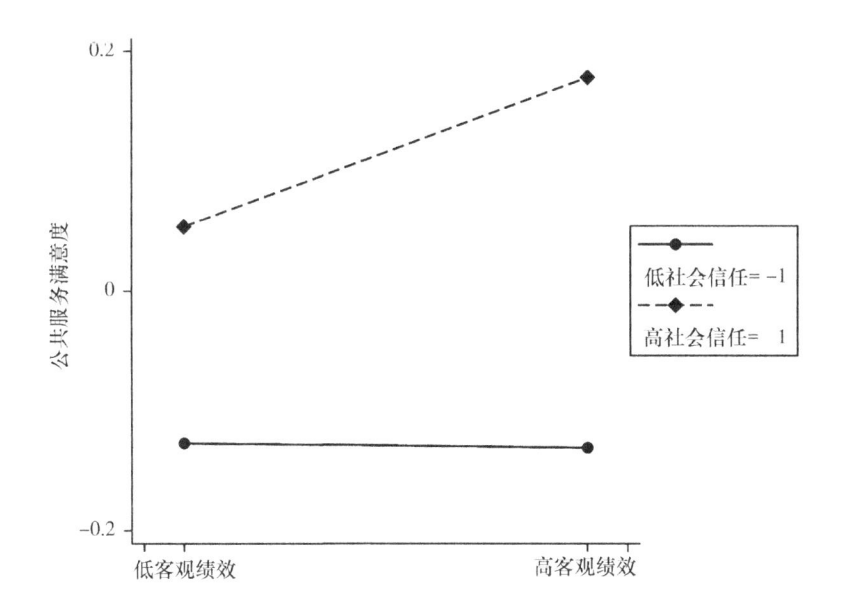

图 6-2 社会信任对客观绩效影响公共服务满意度的调节作用(全国)

图 6-2 显示了在西部地区社会信任在客观绩效与公共服务满意度关系中的调节作用。从图中可以看出,随着社会信任水平的提高,客观绩效对公共服务满意度的影响不断提升,这意味着社会信任正向调节了客观绩效对公共服务满意度的影响;与低社会信任相比,高社会信任在客观绩效对公共服务满意度正向影响中的增强效应更加强烈。值得注意的是,不同于在全国样本,西部地区社会信任不会扭转

客观绩效对公共服务满意度的影响方向。也就是说，即便是对于低社会信任的西部地区居民，客观绩效的上升依然有利于其公共服务满意度的提高。可能的解释是，由于现代化程度有限，西部地区的公共服务整体较为落后，并且西部居民的地区流动性不高，向东部发达地区流动的可能性比较低，很难全面体验和了解发达的公共服务体系，这双重效应使得西部居民对当地公共服务的预期并不高，再加上公众本身经济水平不高，使得西部地区居民对政府公共服务的依赖度保持在更高的位置。基于此，哪怕对于那些社会信任度较低的社会公众，其对政府的好感度受到了一定的削弱，但由于他们对政府公共服务供给较高的依赖性，使得所在城市公共服务客观绩效越高，也在很大程度上越能够满足其需求，进而有利于公共服务满意度的提高。这一结果表明，"信任偏差"的确会调节客观绩效与公共服务满意度的关系，但具体的调节效果因地区不同存在异质性。

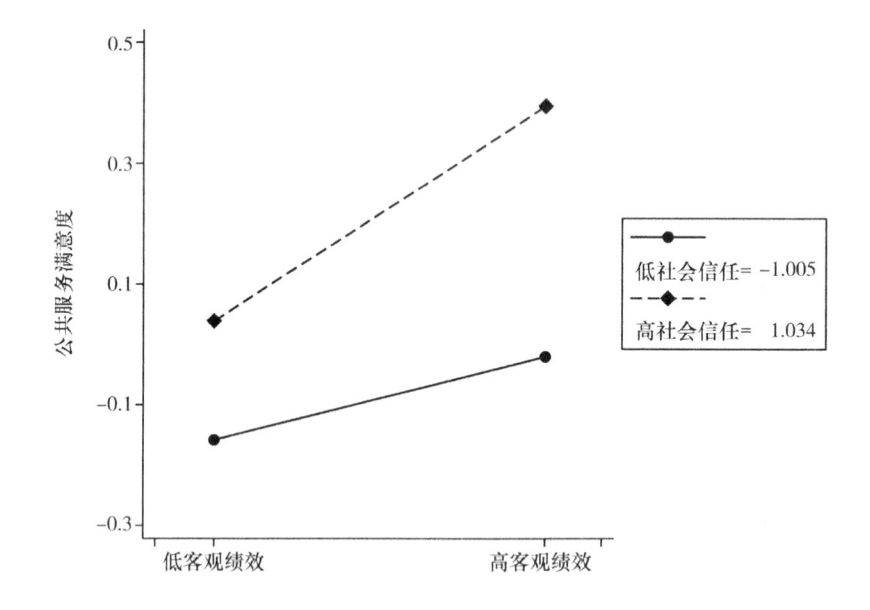

图 6-3 社会信任对客观绩效影响公共服务满意度的调节作用（西部）

第三节 认知偏差对绩效感知影响公共服务满意度的调节作用

一 政府角色认知的调节作用

表6-5展示了政府角色认知在个体主观绩效感知与公共服务满意度关系间的调节作用回归分析结果。结果显示，政府角色认知与主观绩效感知交互项在全国、农村和西部样本中具有显著影响，其标准化回归系数分别为-0.027、-0.046和-0.048，并且均通过了5%的统计显著性检验。这说明，对于全国、农村和西部地区居民而言，个体的大政府倾向越强，主观绩效感知对公共服务满意度的影响就不断减小。言外之意就是，虽然绩效感知和大政府倾向均能够独立地提升个体的公共服务满意度，但两者的混合效应则体现出"此消彼长"的关系。与此同时，虽然在城市地区（β=-0.014，P>0.1）、东部地区（β=-0.028，P>0.1）、东北地区（β=-0.045，P>0.1）和中部地区（β=-0.001，P>0.1），绩效感知与政府角色认知交互项并未通过统计显著性检验，但同样为负向影响。基于此，整体而言，在一定地理范围内，政府角色认知在主观绩效感知影响公共服务满意度的过程中起到了显著的负向调节作用，假设H6得以部分支持。

表6-5 政府角色认知对绩效感知影响公共服务满意度的调节作用回归分析

变量	全国	城市	农村	东部	东北	中部	西部
个体层次变量							
绩效感知	0.45***	0.46***	0.438***	0.473***	0.414***	0.435***	0.465***
政府角色认知	0.048***	0.07***	0.016	0.079**	0.123**	-0.005	0.029

续表

变量	全国	城市	农村	东部	东北	中部	西部
绩效感知×政府角色认知	-0.027**	-0.014	-0.046**	-0.028	-0.045	-0.001	-0.048**
性别（女）	-0.002	-0.036	0.058	0.002	-0.057	-0.014	0.051
家庭收入	-0.022*	-0.048***	0.018	-0.028	-0.062*	-0.02	0.014
年龄	0.067***	0.02	0.14***	0.035	0.089	0.09**	0.102**
教育程度（初等教育）							
中等教育	-0.095***	-0.084**	-0.104	-0.036	-0.196**	-0.082	-0.172**
高等教育	0.008	-0.024	0.304**	0.014	-0.076	0.051	0.026
媒体使用	0.046***	0.034	0.068*	0.01	0.026	0.111**	0.07
党员（否）	0.069*	0.057	0.169*	0.12**	0.02	0.098	-0.017
宏观层次变量							
人均GDP	0.054	0.072*	0.037	0.068	-0.038	0.045	0.138**
年平均人口	-0.041	-0.007	-0.051	-0.091	-0.154***	-0.129**	-0.013
人均财政投入	-0.071*	-0.095**	-0.01	-0.044	0.051	-0.273*	-0.074
Cons	-0.082	-0.016	-0.185*	0.032	-0.178	-0.33**	-0.079
Var（PP）	0.012	0.013	0.027	0.005	0.013	0.019	0.005
Var（GRC）	0.009	0.01	0.004	0.01	0.015	0.006	0.002
var（_Cons）	0.038	0.034	0.05	0.02	7.14e-18	0.017	0.041
var（Residual）	0.701	0.699	0.668	0.647	0.825	0.719	0.679

注：*表示 P<0.1，**表示 P<0.05，***表示 P<0.01。

更进一步地，图6-4、图6-5和图6-6分别展示了基于全国、农村和西部地区政府角色认知对主观绩效感知影响公共服务满意度的调节作用。由三个可视化图可知，无论对政府角色的认知是小政府倾向还是大政府倾向，随着主观绩效感知的不断加强，个体的公共服务满意度均呈现出下降趋势，这说明引致认知偏差效应的政府角色认知对绩效感知与公共服务满意度关系的抑制作用具有一定的广泛性。即普遍而言，当个体的大政府倾向越高时，主观绩效感知对其公共服务满意度的积极影响会有所减低,相应地,绩效感知对小政府倾向居民的公共服务满意度的提升作用更为强烈。这也验证了本研究假设 H6 的理论预期,"信任偏差"对小政府倾向个体的影响更微弱,这是因为他们具备更为强烈的理性思考能力,偏向从"成本—收益"的角度评价公共服务,更可能从当地公共服务供给满足其需求程度的视角出发,理性地进行公共服务评价,或言,他们的公共服务满意度更可能来源于其实际感知到的公共服务绩效。从作用强度而言,政府角色认知对绩效感知与公共服务满意度关系的削弱作用在农村和西部地区要强于全国平均水平,进一步说明"信任偏差"的调节效应存在一定的地区异质性。

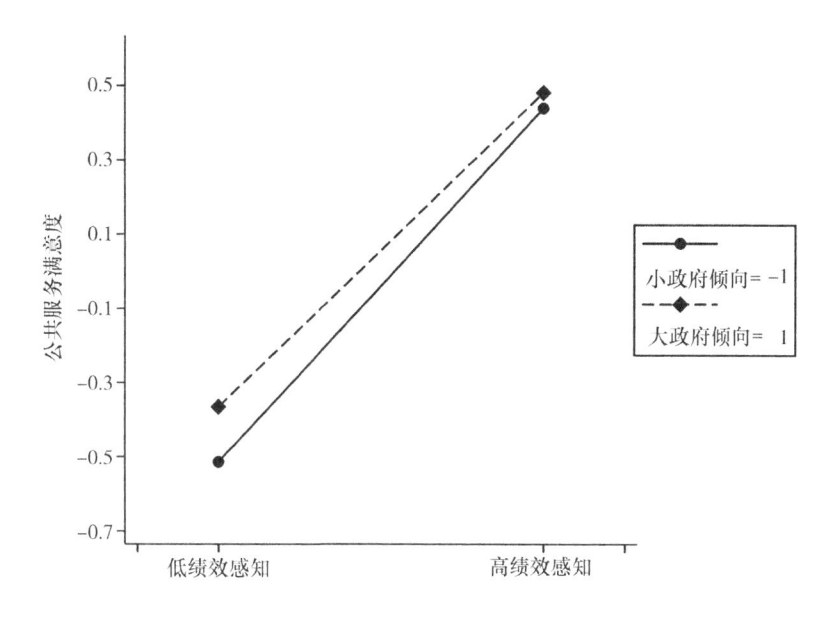

图 6-4 政府角色认知对绩效感知影响公共服务满意度的调节作用(全国)

绩效、认知偏差与公共服务满意度

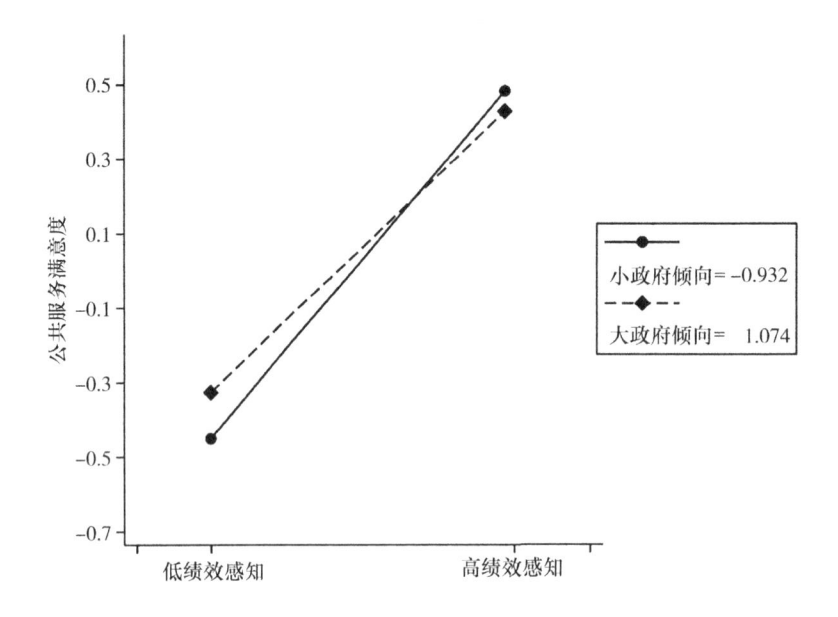

图 6-5 政府角色认知对绩效感知影响公共服务满意度的调节作用（农村）

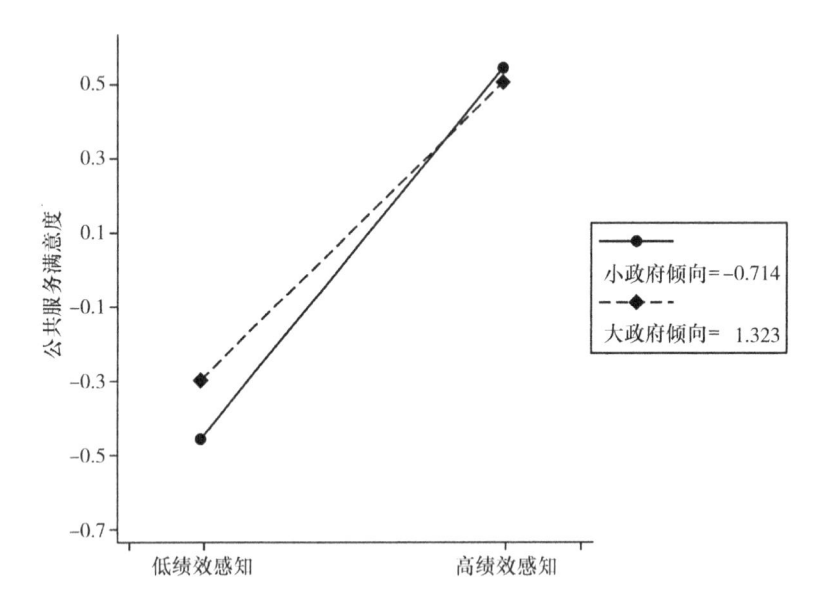

图 6-6 政府角色认知对绩效感知影响公共服务满意度的调节作用（西部）

二 社会信任的调节作用

表6-6展示了社会信任在绩效感知与公共服务满意度关系间调节作用的回归分析结果。结果显示,社会信任和主观绩效感知的交互项在全国、东部、中部和西部中具有统计显著性,其标准化回归系数分别为-0.019、-0.046、-0.048和0.042,并且统计显著性检验均超过了10%的置信水平。这说明,社会信任显著调节了全国、东部、中部和西部地区居民绩效感知对其公共服务满意度的影响。不仅如此,社会信任的调节作用在不同地区呈现出截然不同的效果,在全国、东部和中部地区体现为削弱作用,而在西部地区则表现为增强作用。这意味着不同于由政府角色认知引起的"角色偏差"体现出一致的负向调节作用,社会信任引致的"信任偏差"的调节效应更为复杂,存在地区异质性。不过,值得注意的是,虽然社会信任与绩效感知的交互项在城市地区（$\beta = -0.022, P > 0.1$）、农村地区（$\beta = -0.008, P > 0.1$）和东北地区（$\beta = -0.014, P > 0.1$）均未通过统计显著性检验,但标准化系数同样为负数,说明社会信任体现出负向的调节作用。总而言之,社会信任对绩效感知与公共服务满意度关系的调节作用在大部分地区得到验证。因此,假设H6得以部分支持。

表6-6　　社会信任对绩效感知影响公共服务满意度的调节作用回归分析

变量	全国	城市	农村	东部	东北	中部	西部
个体层次变量							
绩效感知	0.449***	0.461***	0.432***	0.476***	0.433***	0.441***	0.449***
社会信任	0.081***	0.079***	0.07***	0.078***	0.125***	0.032	0.109***
绩效感知×社会信任	-0.019*	-0.022	-0.008	-0.046***	-0.014	-0.048***	0.042**

续表

变量	全国	城市	农村	东部	东北	中部	西部
性别（女）	-0.002	-0.034	0.054	-0.004	-0.036	-0.011	0.054
家庭收入	-0.02*	-0.048***	0.019	-0.029	-0.053	-0.022	0.011
年龄	0.066***	0.028	0.13***	0.041	0.081	0.085**	0.097**
教育程度（初等教育）							
中等教育	-0.09***	-0.083**	-0.115*	-0.041	-0.184**	-0.092	-0.157**
高等教育	-0.015	-0.045	0.269**	-0.014	-0.07	0.025	-0.006
媒体使用	0.048**	0.035	0.066*	0.01	0.005	0.113	0.08*
党员（否）	0.077*	0.066	0.174*	0.14**	0.011	0.092	-0.02
宏观层次变量							
人均GDP	0.041	0.054	0.038	0.06	-0.074	0.029	0.115*
年平均人口	-0.043	-0.006	-0.053	-0.1	-0.117**	-0.126**	-0.013
人均财政投入	-0.057	-0.08*	-0.012*	-0.028	0.079	-0.235	-0.073
Cons	-0.09	-0.018	-0.185	0.039	-0.166	-0.323**	-0.119
Var（PP）	0.013	0.015	0.026	0.007	0.016	0.019	0.008
Var（ST）	0.008	0.008	0.003	0.005	0.004	0.019	1.28e-17
var（_Cons）	0.038	0.032	0.052	0.017	9.23e-23	0.016	0.042
var（Residual）	0.698	0.7	0.667	0.652	0.835	0.7	0.67

注：*表示 $P<0.1$，**表示 $P<0.05$，***表示 $P<0.01$。

为了更清楚地说明外社会信任在主观绩效感知与公共服务满意度之间关系的调节作用，本研究分别绘制了基于全国（图6-7）、东部（图6-8）、中部（图6-9）和西部地区（图6-10）社会信任的调节效应图。在全国、东部和中部地区，无论社会信任水平的高低，随着个体主观绩效感知的加强，公共服务满意度均出现了下降趋势，这说明"信任偏差"的抑制作用具有一定的广泛性。具体而言，从可视化图6-7可以看出，在全国范围，随着个体社会信任水平的不断提高，绩效感知对公共服务满意度的影响逐渐趋缓，这意味着社会信任削弱了绩效感知对公共服务满意度的正向影响，呈现出

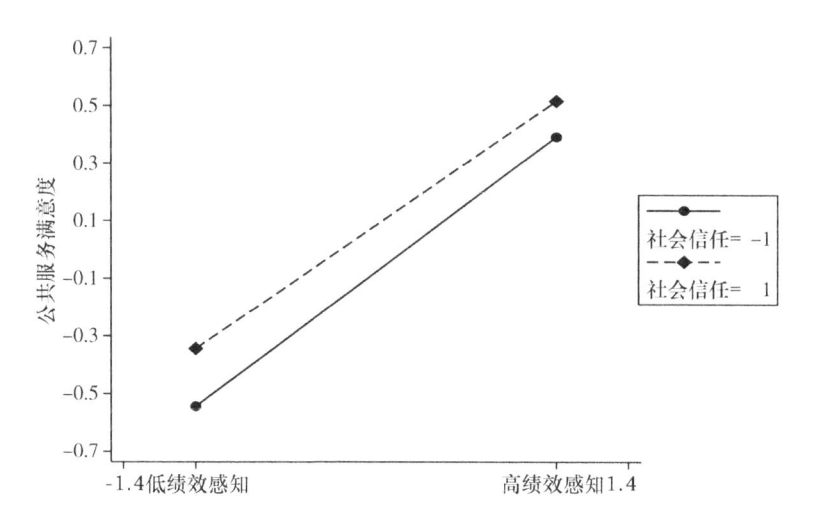

图 6-7 社会信任对绩效感知影响公共服务满意度的调节作用（全国）

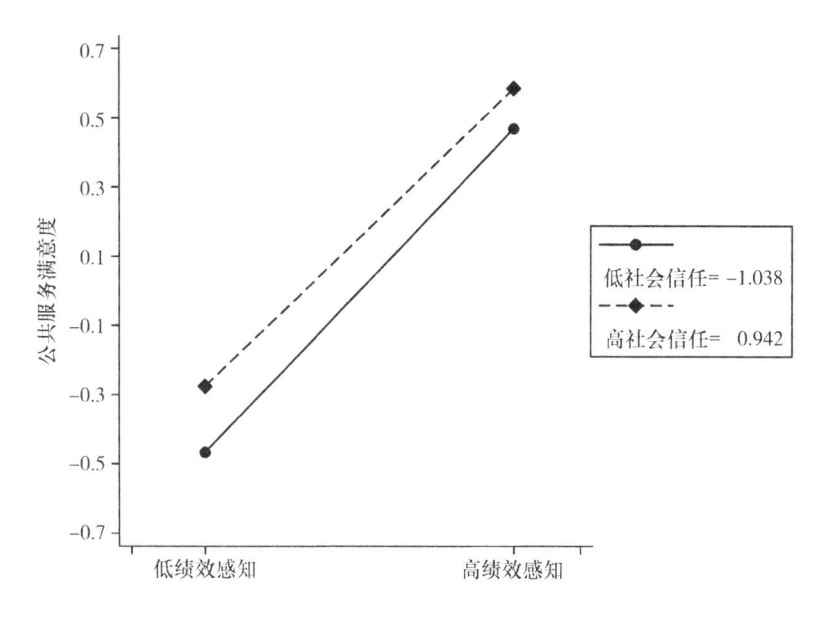

图 6-8 社会信任对绩效感知影响公共服务满意度的调节作用（东部）

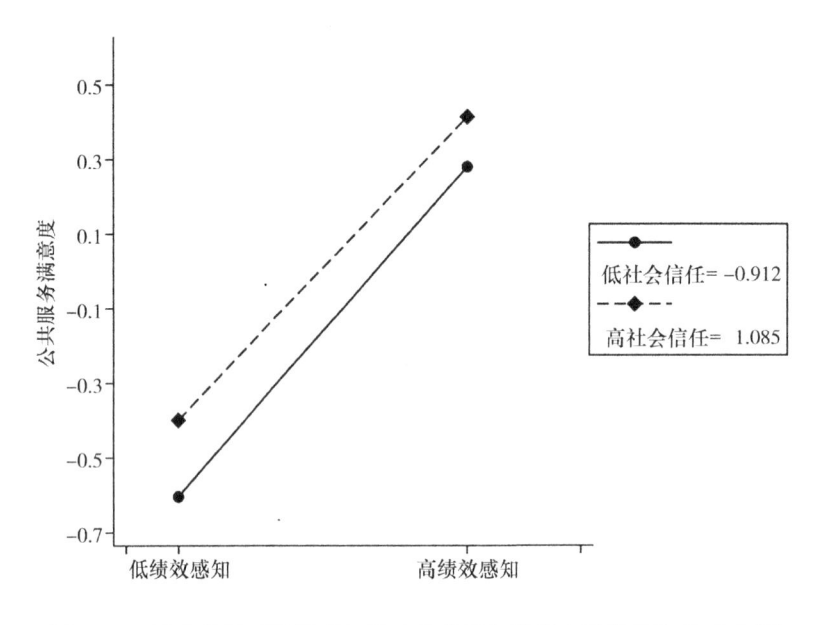

图 6-9 社会信任对绩效感知影响公共服务满意度的调节作用（中部）

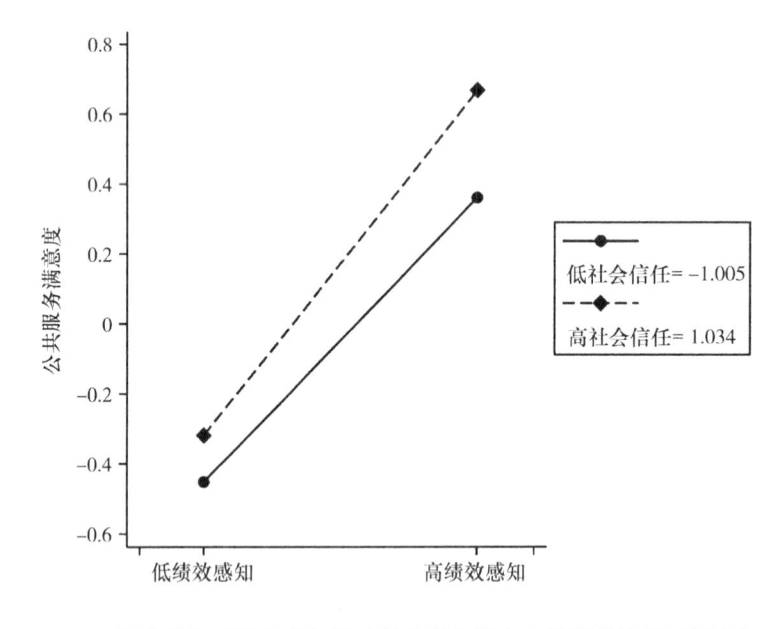

图 6-10 社会信任对绩效感知影响公共服务满意度的调节作用（西部）

抑制效应。在分地区检验中，可视化图 6-8、图 6-9 展示的东部和中部地区社会信任调节作用与全国样本有类似结果，一方面说明主观绩效感知对公共服务满意度的正向影响无关乎社会信任水平，另一方面正向作用强度却受到了"信任偏差"的影响。从调节效应的强度而言，"信任偏差"在中部和东部地区产生的抑制性调节效果要强于全国范围。

然而，需要注意的是，从可视化图 6-10 可以看出，在西部地区，社会信任提升了绩效感知对公共服务满意度的正向影响，体现为增强效应，即随着个体社会信任度的提高，绩效感知对公共服务满意度的正向作用也不断增加。针对这一独特现象的原因，本研究将从两方面加以解释。一方面，由于西部地区公共服务体系并不完善，虽然各级政府已经在极力推动公共服务均等化建设，但西部的公共服务体系依然面临供给不足、质量不高以及供给碎片化等问题，社会公众的公共服务整体需求极为旺盛，并且需求的群体性分割现象并不明显。另一方面，由于西部地区公共服务的供给主体主要为政府，公众更倾向于将公共服务的好坏与政府职能联系起来，这就使得人们对公共服务的评价受到其对政府信任的型塑影响更为强烈，而已有大量研究发现政府信任受到社会信任的极大影响，进一步说，就是社会信任度越高的公众，其对政府的信任度也更高，更可能将其所感知到的公共服务绩效归因于政府，认为这是政府发挥公共服务职能的体现，进而提高绩效感知对公共服务满意度的影响强度。

本章小结

本章在第五章的基础上，使用中国社会综合调查（CGSS 2013）和《中国城市统计年鉴（2013）》的多源数据，探究了由政府角色认知和社会信任引致的"角色"和"信任"认知偏差对公共服务满意度的影响及其产生的调节作用,并进一步分析了这些影响的地区差异,研究结果如下所示。

首先,对于公共服务满意度的认知偏差效应而言,政府角色认知(假设H4a)和社会信任(假设H4b)对公共服务满意度具有显著影响,后者的作用强度要高于前者,并且这些关系在城乡和分地区样本中存在异质性。一是政府角色认知和社会信任对于城市居民的影响更为强烈,二是在分地区样本中,这些因素的影响强烈程度依次是东北、西部、东部和中部地区,对东北地区居民的效应值远高于其他地区。对于这一效应的城乡和地区异质性,本研究从城市化进程以及人口迁徙引致的不同地区社会资本存量的结构性差异角度进行了解释。这种结果不仅支持了公共服务满意度的确存在认知偏差效应,同时也揭示出角色定位和信任偏见是导致认知偏差的重要因素。

其次,认知偏差在客观绩效与公共服务满意度关系中的调节作用(假设H5)得以部分验证。一方面,政府角色认知正向调节了东北地区客观绩效与公共服务满意度的关系(H5a),并且由于政府角色认知的不同,客观绩效对公共服务满意度的作用方向会产生变化:对于大政府倾向的公众而言,客观绩效越高,个体的公共服务满意度也越高,但对于小政府倾向越强的公众,城市客观绩效的上升反而降低了他们的公共服务满意度。这一结论非常明显地展现了认知偏差——这种非理性因素在个体公共服务满意度评价中起着不可忽视的作用。另一方面,社会信任正向调节了全国和西部地区客观绩效与公共服务满意度的关系(H5b),但调节效果存在地区异质性。就全国层面而言,随着个体社会信任的提高,客观绩效对公共服务满意度的作用方向会发生改变,对于低社会信任的公众,客观绩效对其公共服务满意度具有负向影响,而对于高社会信任的公众，客观绩效对公共服务满意度具有正向影响。在西部地区，社会信任并不能改变客观绩效影响公共服务满意度的作用方向，即便是对于低社会信任的个体，客观绩效的上升依然能够提高其公共服务满意度，只不过影响幅度不及高社会信任公众而已。

最后，认知偏差显著调节了绩效感知对公共服务满意度的影响（假设 H6）。一方面，政府角色认知负向调节了全国、农村和西部地区居民的绩效感知与公共服务满意度的关系（H6a），即当大政府倾向越高时，个体主观绩效感知对公共服务满意度的正向影响会被削弱，两者的作用存在替代效应。另一方面，社会信任对绩效感知影响公共服务满意度的调节作用存在地区异质性。虽然，社会信任负向调节了全国、东部和中部地区居民绩效感知与公共服务满意度的关系（H6b），即对高社会信任的居民而言，个体主观绩效感知对其公共服务满意度的提升作用有所减弱。然而，对西部公众而言，社会信任呈现出正向调节作用，即当个体的社会信任越高时，绩效感知对公共服务满意度的正向影响有所增强。这意味着社会信任在西部地区的调节作用体现为增强效应而非替代效应。

第七章 研究结论、研究启示与研究展望

以上两章采用多层线性模型完成了本研究的数据分析,本章的主要目标是围绕第五章和第六章的数据分析结果进行总结,并且据此提出政府部门提升公共服务满意度的政策路径。在此基础之上,结合跨学科知识和现有研究前沿,本章指出了本研究可能存在的局限和不足,并展望了未来的研究方向。

第一节 研究的主要结论

本研究旨在整合公共服务满意度评价中的理性和非理性因素,并弥补当前学界从单一视角切入的不足。本研究以有限理性人假设为基础,探究了公共服务满意度的影响因素及其互动机制,并进一步分析了可能的地域差异。其一是在理性人假设下,包括客观绩效和主观绩效感知在内的绩效因素是否以及如何影响公众对公共服务的满意度评价;其二是在非理性人假设下,公共服务满意度是否存在认知偏差,以及这些认知因素对公众理性评价公共服务存在何种调节效应。第五章和第六章相继回答了以上两个研究问题,检验了研究假设。接下来,将本研究的主要研究结论整理如下。

首先,公共服务满意度受到理性判断和认知偏差双重因素的共

第七章 研究结论、研究启示与研究展望

同作用。第五章第一、二小节的回归分析结果显示,在理性人假设的两大变量中,主观绩效感知在全国及各区域样本中均显著正向影响公共服务满意度,而客观绩效的积极效应在农村和西部地区等部分样本中得以验证。对此,本研究基于理性选择相关理论,结合各地区的经济社会发展状况进行了解释。改革开放以来,我国经济的高速发展,人们的物质生活需求得以基本满足,公共需求也逐渐向教育、健康、文化、环境等方面倾斜。然而,地区之间经济社会发展程度参差不齐,各地公共服务供给水平和公众对公共服务的需求均存在巨大差异,很大程度上稀释了公共服务客观绩效与公众满意度的相关关系,导致全国层面的城市公共服务供给水平与公共服务满意度关系并不显著。与此同时,欠发达地区由于发展水平较低,公众对公共服务的需求依然停留在"有没有"而非"好不好"的阶段,这也就不难理解在农村和西部样本中,城市公共服务客观绩效显著正向影响公共服务满意度。

其次,客观绩效对公共服务满意度产生影响的过程中,个体的主观绩效感知起到中介作用。虽然客观绩效与公共服务满意度的关系一直是公共管理学界关注的重点,但两者究竟有无联系仍莫衷一是,而其中的影响机制仍不清楚。第五章第三小节的数据分析显示,在农村地区,主观绩效感知完全中介了客观绩效对公共服务满意度的正向影响,说明政府的客观绩效能否真正获得社会公众的积极评价,有赖于个体对公共服务绩效的感知程度。这一结果进一步说明了主观绩效感知是客观绩效影响公共服务满意度的中间机制,同时也验证了坎贝尔模型,即公众对客观环境的满意度来源于客观环境对个体的主观感知程度,进而形成相应的满意度评价。该种机制也可以更为全面而可靠地将客观公共服务影响公众满意度评价的因素涵盖在内,更为细致而真实地探究两者关系。

最后,公共服务满意度存在"角色"和"信任"认知偏差,

并且这些非理性因素调节了绩效与公共服务满意度的关系。第六章第一小节的结果显示，政府角色认知和社会信任显著影响公共服务满意度，并在不同地区具有很强的稳健性。这一结果也说明社会公众对公共服务的评价存在较为普遍的"角色偏差"和"信任偏差"。第六章第二、三小节的跨层交互回归分析显示，这些认知偏差能够不同程度地增强或者削弱绩效对公共服务满意度的影响。其一，在对客观绩效与公共服务满意度的调节作用方面。在东北地区，政府角色认知正向调节了城市客观绩效对公共服务满意度积极作用，并且客观绩效与公共服务满意度的关系会因个体政府角色认知的不同发生方向性转变；与此同时，在全国和西部地区，社会信任正向调节了客观绩效对公共服务满意度的影响，并且"信任偏差"的调节效应要强于"角色偏差"。其二，在对绩效感知与公共服务满意度的调节作用方面。在全国、农村和西部地区，政府角色认知负向调节了绩效感知对公共服务满意度的影响；而社会信任的调节作用具有地区异质性，在全国、东部和中部地区体现为负向削弱效应，但在西部地区体现为正向增强效应。总体而言，认知偏差对客观绩效与公共服务满意度关系的调节作用体现为增强效应，而对绩效感知与公共服务满意度的关系则更多呈现出削弱效应。

基于上述研究结果，本研究将假设检验结果整理为表 7-1。

表 7-1　　　　　　　　　研究假设与结果索引

假设	假设内容	结果	章节	图表
H1	客观绩效正向影响公共服务满意度	部分支持	5.1	表 5-1
H2	绩效感知正向影响公共服务满意度	支持	5.2	表 5-2
H3	绩效感知在客观绩效对公共服务满意度的影响中起到中介作用	部分支持	5.3	表 5-3

续表

假设	假设内容	结果	章节	图表
H4a	政府角色认知（大政府倾向）显著（正向）影响公共服务满意度	支持	6.1	表6-1
H4b	社会信任正向影响公共服务满意度	支持	6.1	表6-2
H5a	政府角色认知在客观绩效影响公共服务满意度中起到正向调节作用	部分支持	6.2	表6-3、图6-1
H5b	社会信任在客观绩效影响公共服务满意度中起到正向调节作用	部分支持	6.2	表6-4、图6-2、图6-3
H6a	政府角色认知在绩效感知影响公共服务满意度中起到负向调节作用	部分支持	6.3	表6-5、图6-4、图6-5、图6-6
H6b	社会信任在绩效感知影响公共服务满意度中起到负向调节作用	部分支持	6.3	表6-6、图6-7、图6-8、图6-9、图6-10

第二节 研究启示

一 理论启示

公共服务满意度直接影响着政府的执政合法性和治理有效性，具有重要的政治和社会意义。迄今为止，尽管学界对公共服务满意度测量及其影响因素方面的研究取得了一定进展，但要全面、系统地理解公共服务满意度及其形成机制仍需进一步探究。本研究通过整合理性人和非理性人假设下的理论模型，构建解释公共服务满意度的一般性框架，并采用宏观统计和微观调查的多源匹配性数据，运用多层线性模型对这一解释框架进行了定量检验，有利于学界对公共服务满意度形成更为全面而系统的理解，一定程度上推进了该领域的科学认知边界。具体而言，本研究的理论贡献体现在如下几个方面。

首先，本研究深化了对于客观绩效与公共服务满意度的关系。自20世纪70年代以来，客观公共服务绩效与公众满意度评价是否具有契合性一直受到学界关注。但实证研究中两者的关系却呈现出正相关（Parks，1984；Swindell，Kelly，2000；李文彬、艾俊雯、沈涵，2019）、不相关（Stipak，1979；陆奇斌等，2010），甚至在有些情境下呈现出负相关（曾莉，2013）等多种结论。而本研究通过使用全国代表性宏观统计和微观调查的多源匹配数据，采用专门处理嵌套结构数据的多层线性模型，一定程度弥补了现有研究在样本代表性，尤其是统计方法选择上的不足。结果发现，客观绩效与公共服务满意度的关系在不同地区呈现出截然不同的结果，在农村和西部地区呈正相关关系，在全国、城市、东部和东北地区两者不具相关性，而在中部地区则呈负相关关系。该研究结果也说明，客观绩效与公共服务满意度之间的关系可能并不存在必然的某种联系，两者更多体现为一定条件的匹配关系，这也启示未来的研究者，某种程度上要摒弃对两者绝对化联系的过度追求，更应该因地制宜地探究两者关系可能存在的异质性。

其次，以绩效感知为中介，发现客观绩效对公共服务满意度的影响需要通过个体的主观绩效感知发生作用。该研究结果说明了公共服务客观绩效可以从个体对公共服务的便利性感知、充足性感知以及均衡性感知等主观绩效感知角度，提升公众对公共服务的满意度评价。由于现有宏观和微观理论范式间的区隔，宏观层面的客观绩效与个体层面的公共服务满意度间关系的研究往往缺乏应有的过程探索和中间联结，进而陷入非此即彼的绝对状态。而本研究的研究结果为客观绩效对公共服务满意度的"传递过程"提供了一个有益的解释视角，借鉴坎贝尔模型，将主观绩效感知作为中介变量，丰富了客观绩效的多层次影响的过程机理。本研究不仅拓展了

第七章 研究结论、研究启示与研究展望

Campbell 等（1979）提出的坎贝尔模型的应用场景，更对 Parks（1984）提出的"主客联结模型"进行了理论化改进。为未来更有效地探究客观绩效影响公共服务满意度的过程机制提供了方向。

再次，本研究发现，公共服务满意度评价存在"角色偏差"和"信任偏差"，为公共管理领域的认知偏差效应研究提供了新方向。目前有研究开始探讨和检验认知因素与公众满意度评价的关系（Deslatte, A., 2019；Battagli et al., 2019），试图理解和揭示公众对政府的满意度评价偏离理性的现象。本研究的研究结果验证了，政府角色认知和社会信任会导致公众对公共服务的满意度评价出现"角色偏差"和"信任偏差"，并且这种影响具有相当的稳健性。这一发现在支持了 Valant 和 Newark（2020）、Favero 等（2016）以及 Pedersen 等（2017）等研究的基础上，丰富了公众满意度存在认知偏差效应的知识边界。研究结果也进一步说明，在认知失调理论指导下继续探索不同类型认知偏差与公共服务满意度的关系，依然是未来行为公共管理研究的重要方向。

最后，本研究立足有限理性视角，构建了整合理论框架，为理解公共服务满意度提供了更为一般化的解释，有效联结了理性人和非理性人假设下的理论模型。事实上，除了宏观和微观理论模型间的区隔之外，现有研究存在着更为显著的理性人假设和非理性人假设的理论隔阂。为了规避这种割裂引致的片面化理解，Marion 和 Darrell（2007）认为，不能孤立地必须要同时考虑理性和非理性因素，只有将两者纳入统一的模型才能更为准确地理解公共服务满意度评价的全貌。而本研究在检验了理性决策对公共服务满意度影响的基础上，发现人们对公共服务的满意度评价同样存在"角色偏差"和"信任偏差"，并且理性和非理性因素在影响公共服务满意度时存在交互效应。具体地，本研究从认知偏差角度分析了绩效对公共服务满意度的调节因素，验证了不同绩效类型的差异化影响效

· 143 ·

应。实证结果发现，认知偏差在客观绩效和主观绩效感知对公共服务满意度的影响过程中起到的调节作用有明显不同，在增强客观绩效影响效应的同时，会削弱主观绩效感知的作用效应。而对于认知偏差在客观绩效与公共服务满意度之间的调节作用，在支持 Miyeon Song 等（2020）研究结果的同时，也拓展了其结论，即客观绩效与公共服务满意度的关系不仅受到宏观政府行为的调节，也受到个体非理性认知的调节。以上这些结果对于理解真实情境中的公共服务满意度具有重要的意义。一方面，理性和非理性因素在影响公共服务满意度时往往不是"非此即彼"的绝对排斥关系，而是两者共同作用的结果。另一方面，研究结果还表明，虽然认知偏差具有显著的调节作用，但对于客观绩效和主观绩效感知的调节效果却有着天壤之别，这也说明未来的研究应当从不同的理论视角继续挖掘认知偏差调节效应的作用机理。

二 实践启示

通过整合理性判断和非理性认知两大理论和研究脉络，本研究基于有限理性的理论视角实证研究了公共服务满意度的影响因素，为考察我国公共服务实践以及政府与社会公众关系提供了一个更为新颖而系统的视角。通过数据分析与结果讨论，本研究将理论与实证相结合，一方面从理性判断的视角回答了城市层面客观绩效以及个体层面的绩效感知如何影响公众的公共服务满意度；另一方面从有限理性视角实证了公共服务满意度存在的"角色"和"信任"认知偏差，一定程度上推进了人们对公共服务满意度的认识和理解。接下来，本研究将基于研究结果，广泛借鉴现有公共管理学、行为公共管理学、经济学、认知心理学和社会心理学等相关文献，并结合当下我国经济社会实际提出相应的实践启示和政策建议。

(一) 全方位提升公共服务的供给能力

改革开放以来，伴随着政府在经济建设上启动的前所未有的制度变革，创造了巨大的物质财富，社会总体的收入和生活水平有了长足进步。然而，进入 21 世纪以来，社会转型期各类社会问题越发突出，社会公众的基本公共服务需求得不到应有满足。一项针对县级政府治理绩效与公众政治信任关系的研究显示，尽管经济增长仍然是政治信任的重要来源，但民生福利和纯公共产品正赶上并超越经济增长，成为提升公众政治信任的新源泉（孟天广、杨明，2012）。因此，政府职能由侧重于经济发展，转向以医疗卫生、公共教育、社会保障等为代表的公共服务不仅是提高公众满意度的必然选择，也成为应对经济社会转型挑战的内在要求。为此，应采取如下几个方面的工作。

首先，建立合理的公共服务财政保障体系。公共财政是公共资源供给的基本保障和主要来源。各级各地政府应大力提升公共服务的财政保障水平，积极满足不同层次人群的公共服务需求，尤其是补齐民生社会事业发展短板，加大财政资源支持，同时增强各地公共服务财政资金支出的监督和管控，挖掘财政潜能，提高资金使用效率。地方政府是公共服务供给的主要承担者，然而我国现阶段公共服务系统面临着政府与市场供给不清、纵向政府间事权不明、财政支出责任划分模糊，以及相关法律法规不完善等问题（李森，2017）。因此，应调整中央和地方政府财政事权和财政支出责任划分格局，在充分考虑不同公共服务的独特属性、服务范围、紧迫程度以及地区均等化等因素的基础上，厘清公共服务的责任主体，明确政府间财政支出的比例，并转变部门绩效考核方式，建立公共服务财政支出的公示和问责制度，规避财政支出的极大浪费，提高资源使用效率。同时建立健全促进纵向政府间权责划分的相关法律法规。值得注意的是，事权与支出责任划分改革需要相应的财权支撑与财力保障，孤立地看待事权与支出责任划分改革，不仅会陷入视线盲区，而且不利于财税体制改革的协调统一推进（孙开、张磊，2019）。而从公共服务供给的实践来看，之所以会产生职权不清、责任不明、相互推诿、争议不断等一系列问题，其内在原因是缺乏完备的法律体系，法制化程度比较低（党秀云、彭晓祎，2018）。为建立长期有效的公共服务财政保障机制，在未来的公共服务供给实践中，要以法律或行政法规的形式明确中央与地方公共服务的权责划分，使得各级政府在职权范围、预算约束、透明管理等关键环节上有统一和法定的标准和规范。例如有学者就指出，为切实保障教育公共服务的财政支持，应发挥人民代表大会的制度优势，上级人民代表大会定期对下级政府教育预算和执行情况进行监督和检查，对履行教育财政投入责任不积极、不作为和失职渎职的地方政府负责人当年不得受奖励、提拔或表彰（李振宇、王骏，2017）。

其次，提升公共服务供给效率和质量。党的十九大报告指出，要完善公共服务供给体系，提高保障和改善民生水平。公共服务涉及社会安全、公共教育、医疗卫生、就业保障等社会民生保障的方方面面，其供给效率和质量的提升自然面临着诸多不确定性挑战，更是一个复杂的系统工程。从现有供给框架而言，政府部门依然是公共服务供给的核心供给方，然而公共部门虽然具有弥补市场失灵、维护社会公平的特征，但在资源配置上往往被认为是低效率的。因此，公共服务供给效率和质量的提升要遵从两大逻辑，其一是加强公共服务资源的科学配给，其二是推动供给主体的多元化。一方面，应转变传统公共服务供给中的粗放化、碎片化、模糊化弊端。按照韦伯官僚制理论，政府机构是按照职能和职位进行理性决策、分级分层、指挥服从，以规则为核心的组织结构或管理方式。长期以来，官僚制组织在现实治理环境中逐渐滋生出目标导向、部门主义、推诿扯皮、协调困难等问题，这反而导致了科层制结构违

第七章　研究结论、研究启示与研究展望

背了组织效率的内在初衷,越来越丧失了运行效率(李利文,2019)。基于此,作为公共服务主要供给主体的政府,理应积极调整官僚体制引致的公共服务粗放供给、碎片化供给和模糊化供给,构建科学决策、开放透明、合作协调以及有效监督的组织模式,从而保证公共服务的高效率、高质量供给。另一方面,合理推动公共服务社会化,扩宽公共服务的供给主体,建立以政府为主导、各种社会主体共同参与的公共服务供给格局,实现公共服务供给主体的多元化和供给方式的多样化。我国经过多年高速发展,社会大众在物质需求得到基本满足的同时,对公共服务质量要求越来越高,逐渐体现出多元化和个性化的特征,由政府单方面提供公共服务很难适应社会多样化需求。于是,主管部门今后应该创新和完善公共服务供给机制,打破政府大包大揽的传统供给模式,通过嵌入式政策、多元资金等方式引导激发社会组织潜能,把政府直接向社会公众提供的一部分公共服务事项,按照公平、公正、公开的原则,交由具备条件的社会力量承担,并由政府根据服务数量和质量向其支付费用。

再次,完善社会公共服务需求响应机制。建立通畅的信息沟通机制是促进社会公众正确理解公共服务政策,形成合理服务预期的重要途径,是推动公共决策的科学化的前提和基础。有学者总结了公众参与公共服务的积极效应,例如可以帮助政府识别公众偏好,更有效地分配资源;在政策过程方面,公众参与可以为政策制定提供情境性经验,帮助政府识别政策执行过程中可能存在的问题,也有助于赢得公众对政府的信任和支持,从而有利于政策执行;在绩效管理领域,公众参与对政府效果、效率以及回应性都有促进作用(马亮,2019)。在近些年我国政府的公共服务实践中,公众参与逐渐开始受到重视,通过搭建良性的信息沟通机制,政府部门力图了解公众对公共服务的预期和需求,以此获知公众的公共服务偏好。

虽然这些政府创新弥补了传统公共服务实践中"无参与"的状况，也取得了长足的进步，但高强度目标考核压力使得公众参与很容易陷入"政绩工程""形象工程"和"形式主义"泥潭，导致公众参与难以有效提升公共服务决策科学化。为此，在未来的公共服务供给过程中，应建立健全稳定、有序的公众参与机制，向社会公众提供平等开放的政民信息沟通渠道，公共服务部门主动、诚恳地倾听不同群体声音，保障公众的公共服务需求能够及时、准确、全面地得到回应。值得一提的是，随大数据、人工智能、云计算等新兴技术的应用和普及，政府部门可以充分利用其在数据获取和分析上的优势，实时、真实地感知和分析公共服务需求以及公众对公共服务态度和意见。此外，在信息爆炸的互联网时代，任何公共服务中的纰漏和瑕疵都有可能被无限发酵，成为舆论高度关注的公共事件，例如2018年发生在吉林的问题疫苗事件等。为有效降低公共事件对政府社会形象的负面效应，公共管理部门应建立信息发布和沟通机制尤其是利用新兴通信技术，倾听公众和媒体的声音，借助权威媒体和信源，做好信息公开工作，消除信息不对称，提高信息发布的准确度和透明度（刘焕，2020）；以此科学研判和管理公共舆情，适时引导和疏解公众情绪，不断提高公共事件的管理能力，降低和规避对公共服务部门社会形象的负面影响。

最后，重视个体主观公共服务感知的实践价值。本研究发现，主观绩效感知是促进公共服务满意度提升最主要的变量。中介作用分析也显示，主观绩效感知在客观绩效影响公众满意度的过程中起到完全中介作用。这一结果不仅验证了坎贝尔模型的理论假设，即个体的公共服务主观绩效感知是客观绩效影响其满意度评价的链接路径，也进一步说明主观绩效感知尤其重要，是未来公共服务供给中需要特别关注的内容。因此，政府不仅要注重宏观层面财政保障体系建设，更要重视从服务接受者角度理解公共服务有效性，关注

第七章 研究结论、研究启示与研究展望

个体对公共服务有效性的主观感知。其内在要求是突破把公众视为被动接受主体的现状,而应将个体心理和行为与公共服务客观环境的关系视为相互映射、相互塑造、双向互动的复杂过程。为此结合本研究的研究结果,我们认为,应真正地以人为本,将客观公共服务建设推广到个体行为之中,构建客观公共服务、交通工具、经济成本等全时空要素互动的整体性策略,提高公众对公共服务的充足性、普惠性和均等性感知。在具体实践层面,首先要注重公共服务的物理可达性。政府部门要基于社会真实的公共服务需求,科学合理、人性化地布局公共服务设施,提升公众获取公共服务的地理可接近性和交通便利性,进而降低居民获取某种公共服务或者接触某项公共服务设施的困难程度。其次要加强主观公共服务可达性。不少学者认为,物理空间的公共服务可达性并不能反映可达性的全貌,应从物理空间与非物理空间相结合的视角,重视社会公众与公共服务之间的良性互动关系(Pooler,1995;于洋航、陈志霞,2019)。因此政府应基于个体视觉、情感和行为等心理范畴活动与客观公共服务要素间的互动,将个体主观心理感受纳入政策议程,着重关注何种公共服务客观环境布局或设计可以提高人们的视觉感知、情感融入以及更为积极的行为倾向等正面心理感知,进而提升他们的公共服务满意度。最后政府要保证地域和经济上的可及性,也就是要推进公共服务区域均等化以及群体均等化。一方面,各地政府要结合当地人口规模、经济发展水平,统筹规划和布局城乡公共服务,同时要打破公共服务享受中的户籍门槛,推进户籍制度改革,建立以常住人口为依据的公共服务供给体系,保证公共服务的集约化、高效化和可及性(吉富星、鲍曙光,2019)。另一方面,政府要加强公共服务普惠性的核心属性。普惠性是指导公共服务尤其是基本公共服务的运营、布局和发展的内在要求,应是一种不以营利为目的、面向社会大众、收费合理、有质量保障的公共服务,

要确保公共服务的全覆盖、保基本、均等化和公平化。

(二)营造彼此信任的社会氛围

自古以来,信是儒家思想推崇的治理之道。《论语·颜渊》中记载,子贡向孔子请教治理国家的办法。孔子说:足食,足兵,民信之矣。子贡问,如果迫不得已要去掉一项,三项中先去掉哪一项?孔子答到:去兵。子贡又问,如果迫不得已还要去掉一项,两项中去掉哪一项?孔子说:去食。自古人都难逃一死,但如果没有人民的信任,什么都谈不上了。《左传·僖公·僖公二十五年》更是强调:信,国之宝也。可见在我国传统政治文化中,信任是国家治理的重要基石。不仅如此,信任文化在现代社会良性运行中同样扮演着举足轻重的作用。经典的文化生成理论(Culture Theory)认为,人们的价值观念、文化信仰和态度形成是从长期生活中习得的,并且受到历史文化因素的影响,具有累积性、延续性和情境性等特点。诚如著名政治学家福山在他的《信任:社会美德与创造经济繁荣》一书所强调的,我们生活在一个社会资本与物质资本同样重要的时代,一个国家的福祉,以及它的竞争力,取决于一个普遍性特征:社会的信任水平(Francis Fukuyama,2016)。相比来源于日常生活、工作、学习中习得的,并且不太需要抽象推理得出态度评价的社会信任,由于公共服务部门在生活中的接触频率和深度均明显不够,普通公众对公共服务的态度形成体现为很强的间接性,对抽象推理的要求也更高,其结果就是人们对政府工作的评价往往受到个体信任水平的重要型塑(刘建平、杨铖,2018)。也因此,对于处于社会转型期的我国而言,为了有效而稳定地获得公众对政府公共服务的积极评价,除了着力提升服务本身的各项"硬性"指标外,还应不遗余力地建设互信互助的社会氛围。

首先,要在制度层面构建社会信任机制。当下公众的普遍信任现状不容乐观。改革开放以来,市场化改革带来了经济快速繁荣的同时，也"意外地"解构了传统的熟人社会，本来紧密的强社会关系快速弱化，社会信任危机随之产生并不断恶化。这带来的严重后果是，社会信任的"差序格局"越加明显，对陌生人的信任度远远低于对亲朋好友的信任。根据中国社会调查（CGSS 2015）的最新数据，公众对亲人、朋友、邻居的信任度分别是接近100%、86.5%和80.1%，但对陌生人信任度仅为5.6%。在此种情况下，提升社会公众的普遍信任水平，构建文明有序、诚实守信的社会风气显得尤为重要而迫切。而社会信任水平的提升是一个系统工程，更是制度性工程。一是要加强和完善社会信用体系建设。市场信任反映的是市场主体间的信任状况，是社会公众尤其是陌生人产生联系的重要组成部分，建设完善的社会信用体系能够规范市场主体的社会经济行为，净化市场交换环境，共同维护诚实守信、正直友善的社会秩序，能够反映出政府对社会的治理状况和对社会秩序的维护状况，是政府义不容辞的治理责任。从国际治理经验来看，通过构建信用联合奖惩机制，完善的社会信用体系能够在激励诚实守信行为的同时，严厉惩罚严重失信主体，有利于规范社会成员经济社会行为，更通过强化社会责任意识、规则意识，进而提高全社会诚信意识和信用水平，广泛形成守信光荣、失信可耻的浓厚氛围。具体来说，为提升社会公众的普遍信任和人际信任，政府作为公共利益的维护者，要明确个体的责任和权利，对于守信者要奖励而对于失信者则要处罚，否则会导致整个社会信任水平低下，甚至引发社会信任危机（何志芳、杨艳、刘建平，2019）。二是传承传统文化，弘扬诚信道德，重拾"诚实、守信、重诺"的传统道德观念。关系信任是人类社会最基础的信任类型，反映了个体对家人、亲戚、朋友、邻居等有血缘或来往密切的人的一种特殊信任。在市场经济浪潮冲击下，人口流动总量和速率陡然提高，整个社会的人际关系逐渐由传统的强连接逐渐向弱连接转变，人与人之间的关系越来越体现出理性化、工具化和淡漠化的特点，人际信任面临前所未有的挑战。政府并非独立于社会，而是社会的重要组成部分，人际信任危机同样使得公众对政府工作的信任和认可度受到威胁。从此种角度来说，社会信任的流失一定程度上是由于伦理本位和礼俗教化等传统社会规约的瓦解。因此，对于公共部门而言，传承和发挥传统社会规约制度是提升社会信任水平的可能捷径，也是构建本土信任关系的关键所在。

其次，改善公共部门与社会公众间的信任关系。长期的政治经济活动型塑了政府与公众间的信任关系，是一种特殊的信任类型，并且具有相对稳定性。传统政治学和公共管理学理论和实证研究往往注重政府满意度对公众政府信任的影响，但很少关注后者对前者的反向作用。随着行为公共管理学的兴起，不少实证研究发现，公众的公共服务满意度存在认知偏差效应，人们的满意度评价受到非绩效因素的影响。在认知失调理论看来，社会性偏好是认知偏差的重要来源，社会公众对政治系统和政府机构的信任偏好支配着个体对于政府具体行为的评价倾向，进而深刻地影响着个体对公共服务的满意度评价。作为一种较为稳定的心理因素，信任能够激发公众对政府工作更加积极的情感和心理联想，进而通过能够被快速唤醒的刻板记忆，潜移默化地提高公共服务满意度评价。由此，重视培育公众对公共组织的信任度，合理利用内隐态度对公众认知和行为的潜在支配作用，提高公众对公共服务的满意度评价。为了提高公众对政府的信任度，进而结合已有相关文献，本研究提出如下针对性建议：一是建设透明政府，强化政务信息公开。相互了解是主体之间产生信任的重要前提。对于政府与公众建立信任关系而言，公共管理部门必须坦诚、主动、及时、准确地向社会公众公开政府信息，减少政府与公众间的信息不对称，与社会公众建立良好的互信合作的关系。进一步说，公共部门应从革新政务信息公开观念切入，制定法律法规保障公众的知情权，完善信息公开的体制机制建设，并且充分利用传统和新兴媒介，畅通公众获取政务信息的渠道，搭建政府和公众的信息互动平台，不断提升政府的治理公信力。二是坚定不移地进行反腐败斗争。以透明政府建设以及政府信息公开为基础，不断加大反腐败的制度建设，强化权力监督制约，健全惩戒追究机制，构建不敢腐、不能腐、不想腐的防范体系，通过遏制腐败、严惩腐败、净化风气等多元措施，营造廉洁清正的政治氛围，从而降低政府官员在社会公众心中腐败的刻板印象，切实改善和塑造廉洁从政、廉洁用权和廉洁治理的良好政府形象。三是提高公职人员的职业素养和服务意识。公共服务的有效落实最终需要公职人员的具体执行，某种程度上说，公职人员是政府形象的载体，直接影响着社会公众对政府工作的印象，是公众了解公共服务部门的直接途径和窗口。然而，现实的公共服务情境中"门难进、事难办、脸难看"的现象依然时有发生。因此，为了有效树立良好的政府形象，提升公众对政府公共服务工作的评价，应在保障公职人员的整体素质的同时，激发服务提供者的公共服务动机，着力提升服务理念、服务态度和公仆意识，营造"天下为公""为人民服务"的公共服务组织氛围。

（三）公众满意度可适当作为公共服务绩效考核指标

公众满意度能否作为政府绩效考核指标一直是政府绩效评估实践和研究领域的焦点之一，而争论的焦点集中于服务接受方的主观评价与服务供给方的实际绩效是否具有契合性（王佃利、刘保军，2012）。如果两者具有一致性，那么更高公众评价可以代表公共服务部门更好的绩效表现，推而广之，公众满意度便有理由成为检验和评估政府部门绩效的工具或手段。针对公共管理学界延续至今的理论争论，本研究研究结果显示，客观公共服务绩效与城市公众的满意度评价在农村和西部地区的存在正向相关关系。虽然两者关系在全国层面并未达到显著正向关系，公共服务水平与公众满意度的正相关关系也就并非放之四海而皆准，但即便如此，在农村和西部地区得到的预期结果一定程度上说明了公共服务水平和满意度评价之间的契合性，进而支持了公众满意度可以作为政府绩效评估指标的观点。这也意味着倘若可以使用得当，公众满意度调查纳入绩效评估和考核体系能够成为改进政府绩效评估的可行之举。

然而值得注意的是，数据分析结果显示，在东部以及全国等地区两者并无显著关系，这就提醒我们，在未来推行公众满意度纳入公共服务绩效评估的管理实践中，必须要避免标准统一或一刀切的满意度测评方法，而应充分结合区域差异以及行业特殊性采取差别化的评测内容和评测工具。其一是推动因地制宜的公共服务满意度评测。针对不同地区之间经济社会发展参差不齐的现象，各地区应开发和使用与其相适应的公共服务满意度评测内容和指标。整体来讲，发达地区公共服务的基本水平较高，当地公众对公共服务的需求预期也更集中在服务质量而非服务数量上，因此这些地区的满意度评测也需要建立以公共服务质量水平为主的指标内容。与此不同，欠发达地区的公共服务处于全国的落后水平，公众需求仍停留在"有没有"而非"好不好"的数量偏向阶段，为此应纳入以数量为主的指标作为公共服务满意度评测内容。其二是基于行业差异制定相应的满意度调查策略。公共服务涵盖的服务类别众多，不同公共服务领域在专业特性、受众范围和使用频率上存在显著差异，使得公众对不同行业领域的接触度以及评判理性程度往往参差不齐。一般而言，相比基础设施建设、环境保护等公共服务，社会公众对医疗卫生、公共教育等行业的接触频率更低，并且行业的认知壁垒更高，因此针对不同行业领域，在使用满意度测评时要充分考虑这种行业特性，公共服务部门需要依据行业属性采用适当的测评内容和方式。除此之外，不少国内学者指出，由于制度化规范的欠缺以及评测过程和手段的不合理，许多地方政府将公共服务领域满意度测评作为绩效评估内容，一定程度上是政府开展政绩宣传的工具，很难真正实现应有的结果导向和服务质量提升的预期效果。因此，公共服务满意度评测实践要加强评测的技术性和科学性，适当引入第三方机构专门进行独立的满意度评测，一方面要改变公共服务部门既当运动员又当裁判员的现状；另一方面要转变评测内容设定的主观随意性，以及测评指标的稳定性，确保满意度评测真正达到应有功效。

（四）合理采用有效的行为干预手段提升公共服务满意度

本研究的实证数据结果证实了公共服务满意度存在认知偏差的论点。进一步研究发现，公众的满意度评价呈现出超越理性的特征。这为公共服务部门提供了一个从心理和行为切入制定公共服务政策的契机。有限理性公众态度和行为的研究引起了国内外学者的强烈关注，特别是近五年来，行为经济学促使以改变人们行为和决策选择的助推（Nudge）快速兴起。助推活动之所以产生巨大影响力，是因为人类认知存在偏差和边界，受制于惯例、习惯和社会文化等非理性因素，这会阻碍和遏制个人和社会集体进行理性的自我利益最大化决策。行为助推正是利用这种认知偏差和边界，让政策执行某种程度上不再完全依赖于增加或减少基于理性的政策工具或选项、改变或调整激励（包括经济激励、社会制裁、行为约束等）或是提供真实的决策信息和理性的过程论证（Hansen，2016）。助推的核心理念是不依靠任何的物质激励或法律法规的明令禁止，而是利用个体的认知偏好和非理性行为，以积极的方式影响人们的判断、决策和行为朝着预先设定的方向发展，进而避免缺乏自主性的选择（Thaler & Sunstein，2008）。形象地说，助推指的是根据人类的认知规律，以微调方式改变人们的认知、决策和行为，最终达成政策目标。经过几年的学术积累，助推的类型多种多样。为了寻求更为普遍的分类标准，有学者依据助推的本质特征和当前学界重点关注的助推策略，提出了四种基本助推类型：启动型助推（Priming Nudges）、显著型助推（Salience Nudges）、默认型助推（Default Nudges）和社会型助推（Social Nudge）。本研究借鉴了其中的启动型助推、默认型助推和社会型助推三种类型，同时借鉴现有助推在公共管理和公共政策领域的实证研究和实践应用，提出采用行为助推提升公共服务满意度的干预策略。

一是启动型助推。启动指的是利用一定的思维线索触发被推动者的自动认知机能，如通过物理的、言语的或者情感的"思维指引"改变被助推者的选择，使得人们更可能按照助推设计者的意图和手段改变态度和行为。之所以需要启动助推，是因为人类存在的损失厌恶、时间框架等心理机制引发了人们决策认知的偏差。这进一步导致人们在面对同一客观问题的不同描述时会做出不同认知判断（孙彦、黄莉、刘扬，2012）。因此，巧用这种认知偏差，适时适当地给予启动式助推，政府部门就可以促进人们形成对公共服务更加积极的态度。公共管理实践部门和学者们已经在多个领域展开了启动型研究，例如健康医疗、环境保护等。而新近的许多行为公共管理研究中，不少研究者将视野放在政府营销领域，认为公共部门可以通过有效的政府营销获得社会公众更多的支持和合作，使得公共政策的执行效率得到大幅提升，并且适当的政府营销方式能够弥补公共服务质量不足带来的负面效应。通过政府营销来管理和培育组织声誉有利于强化政府回应性（Busuioc, Lodge, 2017）以及执政合法性的提升（Carpenter, Krause, 2012）。一项基于以色列环保政策的调查实验发现，政府的象征性营销（symbolic branding）不仅能够说服（persuasion）和操纵（manipulation）公众之于政府部门和公共政策的信任程度，并且政府营销的实际功效远不止人们的预期，研究显示，即便是对于那些与自身利益息息相关的社会公众,象征性交流对其政府信任的影响依然不会降低(Saar,2019)。也就是说,社会公众对公共组织产生积极的情感联想会增加其对公共服务的满意度,相对应地,负面的情感联想则会损害公共服务部门在公众心中的形象,进而降低其满意度评价。

二是默认型助推。默认机制主要表现为一种预先确定的选择,如果当事人没有采取行动去改变,这个选择就会生效(李德国、蔡晶晶,2016)。默认型助推就是利用人们认知上寻求捷径和简化思维,通过默认选项影响人们的决策行为。从现有学术研究和政府实践来看,该种助推主要应用于改造人们的行为,比如退休储蓄、环境保护以及器官捐献等行为。尽管如此,默认机制隐含的假设是,社会公众存在固有的认知偏差,导致他们的行为有损个人及社会利益,而政府部门通过设置默认选项,能够一定程度上避免这种偏差带来的负面效应。换而言之,在积极理念的指导下,公共部门的默认型助推有利于每个个体的个人利益,以及整个社会的公共利益。这种有积极价值的干预活动自然会获得社会公众的理解和支持,提升人们对政府和公共服务的满意程度。以一项针对低碳补偿的默认助推的实地研究为例,与在提供给乘客机票价格的同时询问其是否愿意支付额外的碳补偿费用相比,如果航空公司将补偿费用设置为默认选项,但告知乘客有权选择退出时,顾客支付低碳补偿费用的可能显著提高(Araña,León,2013)。更进一步说,消费者之所以愿意支付这比补偿费,前提是其本身具有较高的环境保护意愿,而在默认机制的助推下,其环保意愿得以顺利实现。这在满足了他们为环境保护作出贡献的愿望的同时,便捷的服务也会增加他们对执行部门的好感。因此,如果公共服务部门能够因时因地借鉴这一机制,很大程度上有利于提高社会公众的支持度和满意度。

三是社会型助推。社会型助推是指社会成员之间形成的规范对人们决策和行为产生的影响。这种助推产生效果的原因在于作为社会人的公众，其心理和行为受所在社会环境中长期延续的整体价值观和行为规范的制约和影响，比如社会心理、互惠原则、信任权威以及利他主义等。人类普遍存在公平公正的内在倾向，这也是"不患寡而患不均"这句话的体现。特别是在以维护社会价值为己任的公共服务领域，人们对社会公正的感知会影响到其对公共服务的评价。社会公正一般包括程序公正和结果公正，前者强调公共利益分配结果的过程是否公正，而后者侧重于分配结果本身的公正性（张书维等，2014）。许多国外实证研究表明，社会公众对政府工作程序的公平感知是影响其政府满意度的关键因素。在我国治理环境中，公众的社会公正感更加复杂（Higgins et al.，2009）。有研究发现，如果公共政策不能真正服务公共利益（分配结果公正感较低），程序公正感能够作为替代性工具提高公众的政府满意度和公共政策支持度，而在公共政策较为有利的情况下（分配结果公正感较高），程序公正感的影响效应便不再显著（Wu，Wang，2013）。因此，对于发展中国家的公众来说，分配结果公正感尤为重要。公共服务的关键任务是提升社会公众对公共服务结果分配的感知，如果无法保障分配结果公正，提高公众对公共服务程序公正的感知度是行之有效的措施。需要强调的是，人类心理和行为蕴含着丰富多样的社会性诱因和规律，深入挖掘和利用这些认知机制激发社会公众对公共服务体验的积极情感，是未来公共服务部门获取公众满意度的有效政策工具。

需要特别注意的是，尽管助推有着"以小搏大"的独特效果，正是因为这个效果，上述一系列政策建议才被提出。然而，助推作为一种客观存在，并没有"好"或"坏"的标签。如果使用不当，旨在增进社会福利的助推实践也可能成为特定利益集团攫取个人利益的工具，进而有损公共价值。因此，在利用助推手段调控公众对公共服务的满意度评价时，必须特别警惕涉及的道德和伦理问题，以及可能催生的不正当行为。另外，助推并非"万能药"，任何一种助推方法都无法独立地实现政策目标和赢得公众支持。只有将助推干预与传统手段（如提升公共服务质量、满足公众需求、合理分配资源等）相结合，因地制宜，根据具体情况制定合理决策，才能不断提高社会公众对公共服务的满意度。这是公共服务政策制定者需要牢记的重要原则。

（五）因地制宜地提升公共服务满意度

根据本研究的数据分析结果，提出了上述建议。然而，我国地域广阔，各地资源禀赋、区位环境、市场化程度差距巨大，导致不同地域（东、中、西部）以及城乡之间的公共服务供给呈现显著的不平衡性（胡洪曙、武锶苠，2019）。这在很大程度上减少了社会公众尤其是欠发达地区居民流动到优质公共服务地区的机会，加剧了当地公共服务部门自我革新的动力，使得欠发达地区的公共服务水平陷入长期落后的不利境地。因此，在提高公共服务供给水平的同时，应当根据具体情况采取相应的措施，合理配置公共服务资源，科学地提升公共服务水平。

首先，应该合理采用转移支付政策，并规范地方政府的财政使用行为。研究表明，尽管在全国范围内客观公共服务绩效并没有影响公共服务满意度，但整体上，欠发达地区社会公众的满意度仍然会受到当地政府公共服务客观绩效的影响。面对地区公共服务供给能力和现状的不均衡，中央政府应该在确保转移支付的基础上，弥补地方政府财政实力薄弱的现实短板。但需要注意的是，财政转移支付可能导致地方政府出于经济发展的需要，将本该投入到公共服务的资金转移到基础设施建设等方面。为了避免这种得不偿失的结果，在财政转移支付过程中，中央应该制定科学合理的管理体系，建立全面透明的财政支出公开制度，规范和考核地方政府的财政用途和方向，以此规避和降低地方政府为实现自身利益最大化而导致公共利益的损失。与此同时，对于一部分长期过度依赖中央转移支付的欠发达地区，必须加强指导并提高地方政府的财政资源使用效率。此外，中央政府应该鼓励地方政府尽快提升自身的造血能力，构建自给自足的良性财政体系。在未来的财政转移支付制度规划上，应该合理给予欠发达地区一定的政策支持，帮助其探寻适合自身资源条件的经济发展和财政增长模式，提高中央转移支付的资金使用效率，增进地方政府的公共服务供给的可持续性。

其次，因地制宜推动社会力量在公共服务供给中的作用。早在2013年，国务院就明确要求在公共服务领域更多地利用社会力量，加大政府购买服务的力度。社会力量，特别是社会组织，已成为公共服务水平和效率的重要主体。然而，一项基于中国286个城市的实证研究发现，当地社会组织发展水平对公共服务供给质量有重要影响，并且由于地方财政能力存在异质性，两者之间的关系因城市经济水平和区域差异而表现出明显的不同（李小奕、谢舜，2019）。因此，为了有效发挥社会力量的积极效应，提供更加方便、快捷、优质、高效的公共服务，不同区域的城市必须结合当地经济社会发展程度，采取因地制宜、差异化的社会组织发展战略，以改善地方公共服务供给质量。在不同区域的具体情境下，东部地区的城市可以进一步优化社会组织发展环境，适度加强社会组织参与公共服务供给的政策支持力度，充分发挥社会组织在构建多层次、多主体公共服务体系中的积极效应。相比社会组织相对发达的东部地区，中西部城市当下的主要精力应处理好政府与社会的关系，解决好经济发展的内在动力问题，全面提升当地的综合经济实力，尽快跨越经济水平较低的发展瓶颈，从而奠定公共服务供给有效性和持续性的基础。

第三节 研究不足与研究展望

一 研究不足

第一,截面数据的局限。虽然本研究微观层面数据源自全国性的抽样调查,有效地保证了样本的代表性,但也仅是一个时间点的调查。同一时间的问卷调查很可能在一定程度上削弱变量间真正的因果关系,例如公众对于公共服务绩效、政府角色认知和社会信任等变量,既有可能是公共服务满意度变化的原因,也有可能是公共服务满意度的结果。例如,个体的公共服务满意度越高,对政府的公共服务部门的评价也更高,进而抬高其对公共服务绩效的感知和评价。因此,由于微观调查数据的同源性,难免受到共同方法偏差的影响,这一定程度上减弱了微观层面变量间因果关系的准确性。如此一来,避免截面数据和同源数据在挖掘因果关系上的不足成为未来研究的重要方向。

第二,变量的测量。研究中个体的主观绩效感知和隐性态度等变量虽然涉及诸多方面,但由于数据来源的限制,本研究仅关注了有限的几个方面或几个变量,并且通过项目得分加总的方式对变量进行了整合化处理,这一定程度上丢失了部分信息。若采用多项目测量的方法,模型可信度会有一定程度的提高。从宏观变量测量而言,虽然本研究采用了公众感知度更高的产出型绩效作为政府客观绩效的操作指标,但更多侧重所在城市公共服务数量的测量,而忽视质量上的差异。但在现实的公共服务场景中,随着现代化程度的不断提升,公众对公共服务的需求也逐渐从"有没有"的数量优先转向"好不好"的质量导向,比如即便能够在所在地享受医疗公共服务,许多公众为了更好的治疗效果,依然选择不远千里前往医疗条件更好的大城市就医。因此,如何全面测度公共服务质量，并探究其和公共服务满意度之间的关系仍有待进一步研究。

二 研究展望

在全面梳理国内外公共服务满意度相关文献的基础上，未来仍然可以在以下几个方面围绕公众对公共服务的评价开展更为深入细致的探讨。

第一，更加深入探究各类因素影响公共服务满意度的因果关系及其作用机制。目前关于公共服务满意度的研究依然还是以截面数据为主，虽然该种样本类型的成本较低，数据可获得性较高，但由于所有数据是同一时间节点所形成的一维数据集，存在着虚假因果以及互为因果等问题（张长东，2018），难以挖掘变量间真实的因果关系。相比而言，纵向数据通过问卷或实验等方式，对一组个体按时间顺序或空间顺序追踪重复测量，所得的数据兼有时间序列和截面数据的特点，突出了时间的重要性，不仅能够更加准确地辨析变量间的因果关系，也有利于揭示其中的因果链。因此，接下来的研究应着眼于公共服务满意度的纵向研究，注重长期性重复数据的收集，更加严谨地探索影响公众对公共服务评价的多元因素。除了采用传统的调查问卷法之外，随着诸如实验室实验、调查实验、实地实验、自然实验和准实验等实验法的逐渐兴起（马亮，2015），研究者可以考虑将实验法引入公共服务满意度研究之中，进一步拓展研究边界。

第二，客观绩效与公共服务满意度的关系依然值得深入研究。在现有研究的基础上，可以尝试收集具有时间跨度的面板数据，更为细致地探究客观公共服务绩效与公众满意度评价的关系。除此之外，客观绩效的测量方式同样应引起学界重视。本研究发现，客观绩效影响公共服务满意度时存在地域异质性，在西部和农村地区两

第七章 研究结论、研究启示与研究展望

者具有契合性，但在东部等其他地区两者关系却并不契合。之所以产生这种结果，可能与本研究的客观绩效测量集中在供给数量有关。相比西部和农村等欠发达地区，其他地区公众对公共服务需求更高，已经超出了简单的数量需求，更看重公共服务质量。而本研究侧重数量的测量方式可能无法完全保证客观公共服务供给与公众需求的一致性，进而导致发达地区两者关系的不契合。因此，未来的研究也应该考虑改进客观公共服务绩效的测量方式，并且根据地域情境以及不同行业特性，制定差异化的操作方式，考察特定情境下客观绩效与满意度评价之间的精确关系。

第三，更为系统而细致地探索影响公共服务满意度的因素。本研究的重要启示是，公众对公共服务的评价受到理性和非理性因素的共同影响，二者之间存在交互作用。然而，由于真实的公共服务评价场景十分复杂，包含的影响因素极为多元，无法在一项研究中纳入全部变量。因此，在这些细化问题上仍缺乏足够的实证验证，这就意味着今后仍有大量理性和非理性因素及其互动机制值得深入探究。在理性选择方面，按照供给侧和需求侧来划分，从需求方的服务体验、对公共服务的期望、质量感知等，以及在供给方的公共设施质量、数字政务、信息公开、公众参与等，政府回应、政民互动等因素仍然值得进一步研究。从认知偏差因素而言，由于心理学理论在公共管理研究中的应用仍处起步阶段，在未来的研究中，需要进一步拓展认知偏差对公共服务满意度的影响边界，将研究扩展至更为细化的变量上，例如损失厌恶、对比效应、框架效应、选择效应以及社会规范，以期全面理解认知偏差在公共服务满意度形成过程中的可能影响。

第四，拓展公共服务满意度研究的跨学科路径。借鉴不同学科的理论、方法使得公共服务满意度研究始终是公共管理学界关注的热点之一，更是未来研究的重要方向。从源头上讲，公共管理学科

的满意度研究本身就是引介自市场营销学，是相近学科交叉互动的产物。随着学科融合力度的不断增强，心理学理论和方法逐渐成为当前以及未来公共服务满意度研究的重要分支。不过，正如Battaglio等（2019）在关于行为公共管理的研究综述中所指出的，行为公共管理近80%的研究集中于探究和发掘公共事务中普遍存在的认知偏见。换而言之，虽然行为公共管理在联结人类行为应然性和实际行为中提供了桥梁，但也引发了一系列问题，即行为公共管理如何才能在实践和学术的双重层面上共同发挥作用（Syon，Elizabeth，2020）。这就意味着在借鉴心理学理论和方法解释公共服务满意度时，我们首先要做的是将这些成熟的理论或方法应用在公共服务这一特殊情境，以此来扩展关于公共服务满意度研究的解释边界。与此同时，我们也应该从实践角度出发，探索影响满意度评价的可介入性心理因素，进而为公共服务实践部门提供更有实用价值而非束之高阁的应对策略和手段。

第五，大数据和人工智能技术的广泛应用，为获取和分析人的行为和心理数据带来了新契机。现行的行为和心理数据获取手段以自我报告为主，虽然操作简便，但存在诸多不足，例如受被访者记忆偏差和主动配合度影响较大、时效性差、时间和经济成本较高、难以实现大规模高频率的数据采集等。相比而言，大数据和人工智能能够客观、实时、连续、海量地获取人的日常语言交流和行为痕迹，通过利用多样的机器学习模型，自动预测人们的心理特征，能够有效揭示心理特征的连续变化趋势，也能够提高研究结果的内外部效度（朱廷劭，2019）。与此同时，大数据在公共服务领域的应用也日益广泛，"数据驱动"为公共服务评价提供了新的视角，有望实现对公共服务多元、动态、循证、验证式的评测（邓剑伟、杨艳，2018）。然而，从现有的国内外文献看，大数据在公共服务满意度研究中的应用仍非常不足。基于此，有志致力于公共服务满意度研究的学者可以充分利用大数据技术在获取各类主观和客观数据上的优势，更为全面、细致、精准地探究公共服务绩效、个体认知和心理因素在公众评价公共服务过程中的动态作用，进一步拓展学界对公共服务满意度的认知。

参考文献

安体富、任强:《公共服务均等化:理论、问题与对策》,《财贸经济》2007 年第 8 期。

边燕杰:《城市居民社会资本的来源及作用:网络观点与调查发现》,《中国社会科学》2004 年第 3 期。

边燕杰、李煜:《中国城市家庭的社会网络资本》,《清华社会学评论》2000 年第 2 期。

边燕杰、丘海雄:《企业的社会资本及其功效》,《中国社会学》2000 年第 2 期。

蔡立辉、吴旭红、包国宪:《政府绩效管理理论及其实践研究政府绩效管理理论及其实践研究》,《学术研究》2013 年第 5 期。

蔡秀云、李雪、汤寅昊:《公共服务与人口城市化发展关系研究》,《中国人口科学》2012 年第 6 期。

陈岚:《电子政务公众满意度的测评》,《统计与决策》2009 年第 1 期。

陈世香、谢秋山:《居民个体生活水平变化与地方公共服务满意度》,《中国人口科学》2014 年第 1 期。

陈硕:《分税制改革、地方财政自主权与公共品供给》,《经济学(季刊)》2010 年第 4 期。

陈庭强、王冀宁:《基于认知心理学的证券投资者认知与行为偏差形成机理研究》,《系统科学学报》2011 年第 2 期。

陈振明:《政府再造:西方"新公共管理运动"述评》,中国人民大学出版社 2003 年版。

池上新、陈诚:《社会资本有利于城乡居民对医生的信任吗?——基于 CGSS 2012 数据的实证研究》,《人文杂志》2018 年第 1 期。

单志艳、孟庆茂:《心理学中定量研究的几个问题》,《心理科学》2002 年第 4 期。

党秀云、彭晓祎:《我国基本公共服务供给中的中央与地方事权关系探析》,《行政论坛》2018 年第 2 期。

邓剑伟、杨艳:《"数据驱动"的公共服务评价:理论建构与实践探索》,《求索》2018 年第 1 期。

丁菊红、邓可斌:《政府偏好、公共品供给与转型中的财政分权》,《经济研究》2008 年第 7 期。

杜万松:《公共产品、公共服务:关系与差异》,《中共中央党校学报》2011 年第 6 期。

杜兴洋、刘灵丽:《基于 ERG 理论的地方政府工作满意度实证研究——以湖北省 J 市政府为例》,《甘肃行政学院学报》2018 年第 6 期。

段龙龙、王林梅:《财政透明度改善有利于地方政府调结构惠民生吗?——来自中国省际面板数据的经验证据》,《现代经济探讨》2018 年第 10 期。

风笑天:《定性研究与定量研究的差别及其结合》,《江苏行政学院学报》2017 年第 2 期。

冯莉、张书瑶:《市场化进程、区域差异与财政透明度——中国市级面板数据的实证研究》,《公共经济与政策研究》2017 年第 2 期。

付景涛、倪星:《地方政府绩效评估的政治理性和技术理性——以珠海市万人评议政府为例》，《甘肃行政学院学报》2008年第6期。

付景涛、曾莉：《对主观型政府绩效评估结果的统计分析——以珠海市"万人评议政府"为个案》，《学术论坛》2010年第2期。

傅勇：《财政分权、政府治理与非经济性公共物品供给》，《经济研究》2010年第8期。

高琳：《分权与民生：财政自主权影响公共服务满意度的经验研究》，《经济研究》2012年第7期。

龚璞、杨永恒：《财政分权、政府规模与公共服务成本效益——基于2002—2012年省级面板数据的实证分析》，《公共行政评论》2017年第5期。

官永彬：《公众参与对民生类公共服务满意度影响的理论分析》，《重庆师范大学学报》（哲学社会科学版）2014年第6期。

官永彬：《民主与民生：分权体制下公众参与影响公共服务效率的经验研究》，《经济管理》2016年第1期。

官永彬：《民主与民生：民主参与影响公共服务满意度的实证研究》，《中国经济问题》2015年第2期。

韩啸、汤志伟、谭婧等：《信任与认同：政务微博中的类社会互动研究》，《情报杂志》2016年第11期。

何志芳、杨艳、刘建平：《人际信任与合作的培养：基于信任和公共品博弈的实验研究》，《心理学探新》2019年第6期。

胡洪曙、武锶芪：《转移支付、财政努力对基本公共服务供给影响的研究——一个基于省级面板数据的门槛效应分析》，《华中师范大学学报》（人文社会科学版）2019年第6期。

胡荣、范丽娜、龚灿林：《主观绩效、社会信任与农村居民对乡镇政府信任》，《社会科学研究》2018年第6期。

胡玉杰、彭徽：《财政分权、晋升激励与农村医疗卫生公共服务供给——基于我国省际面板数据的实证研究》,《当代财经》2019年第4期。

黄丽娜、盛兰:《互联网使用、社会资本与公民意识——基于CGSS 2013数据的实证研究》,《新闻界》2017年第7期。

黄新华:《从公共物品到公共服务——概念嬗变中学科研究视角的转变》,《学习论坛》2014年第12期。

姬生翔、姜流:《社会地位、政府角色认知与公共服务满意度——基于CGSS 2013的结构方程分析》,《软科学》2017年第1期。

吉富星、鲍曙光:《中国式财政分权、转移支付体系与基本公共服务均等化》,《中国软科学》2019年第12期。

纪江明、葛羽屏:《分层模型视角下中心城市基础教育满意度影响因素研究——基于"2012新加坡连氏中国城市公共服务质量调查"的实证分析》,《教师教育研究》2015年第2期。

纪江明、胡伟:《城市医疗保障满意度的地区差异:理论解释与实证研究》,《上海行政学院学报》2015年第4期。

纪江明:《基于多层线性模型的城市体育公共服务满意度影响因素研究》,《西安电子科技大学学报》(社会科学版)2015年第3期。

纪江明:《我国城市公共服务公众满意度熵权TOPSIS指数及影响因素研究》,中国社会科学出版社2016年版。

纪江明:《我国城市公共服务满意度指数研究——基于熵权TOPSIS法的分析》,《国家行政学院学报》2013年第2期。

贾晋、李雪峰:《政府职能、居民评价与乡镇政府满意度——基于10省1336个样本的实证分析》,《公共行政评论》2017年第3期。

贾奇凡、尹泽轩、周洁:《行为公共管理学视角下公众的政府满意度:概念、测量及影响因素》,《公共行政评论》2018年第1期。

姜晓萍、陈朝兵：《公共服务的理论认知与中国语境》，《政治学研究》2018年第6期。

蒋宇、郝晓宁、江启成等：《基本公共卫生服务疾控项目进展及问题研究——基于六省调研数据》，《卫生经济研究》2019年第1期。

焦微玲：《我国电子政务公众满意度测评模型的构建》，《情报杂志》2007年第10期。

景敏：《基于学校的数学教师数学教学内容知识发展策略研究》，博士学位论文，华东师范大学，2006年。

李德国、蔡晶晶：《基于助推理论的公共服务质量改进——一个研究框架》，《江苏行政学院学报》2016年第5期。

李敬涛、陈志斌：《财政透明、晋升激励与公共服务满意度——基于中国市级面板数据的经验证据》，《现代财经》2015年第7期。

李利文：《人工智能时代的公共服务供给模式创新：类型、适应与转向》，《社会主义研究》2019年第4期。

李森：《试论公共产品受益范围多样性与政府级次有限性之间的矛盾及协调——对政府间事权和支出责任划分的再思考》，《财政研究》2017年第8期。

李拓：《基本公共服务均等化与区域城乡差距研究》，博士学位论文，湖南大学，2017年。

李文彬、艾俊雯、沈涵：《我国基础教育公众满意度的影响因素研究——基于分层模型的视角》，《教育导刊》2019年第10期。

李文彬、何达基：《政府客观绩效、透明度与公民满意度》，《公共行政评论》2016年第2期。

李小奕、谢舜：《社会组织、地方财政能力与公共服务供给质量》，《财经问题研究》2019年第4期。

李振宇、王骏：《中央与地方教育财政事权与支出责任的划分研究》,《清华大学教育研究》2017年第5期。

林挺进:《城市环保绩效、市长升迁偏好与市民环保满意度——基于2011连氏中国城市服务型政府调查的实证研究》,《甘肃行政学院学报》2015年第6期。

刘帮成:《中国场景下的公共服务动机研究:一个系统文献综述》,《公共管理与政策评论》2019年第5期。

刘成、李秀峰:《"AI+公共决策":理论变革、系统要素与行动策略》,《哈尔滨工业大学学报》(社会科学版)2020年第2期。

刘焕:《公共事件中政府回应对公众认知偏差的影响》,《情报杂志》2020年第1期。

刘建平、杨铖:《政治信任:心理学视角下的前因后果》,《心理学探新》2018年第2期。

刘金凤、魏后凯:《城市公共服务对流动人口永久迁移意愿的影响》,《经济管理》2019年第11期。

刘武:《公共服务接受者满意度指数模型研究》,博士学位论文,东北大学,2008年。

刘武、杨雪:《论政府公共服务的顾客满意度测量》,《东北大学学报》(社会科学版)2006年第3期。

刘亚琴、李开秀:《信任行为、市场效率与金融监管:有限理性视角下的信任研究前沿》,《中央财经大学学报》2017年第3期。

刘燕、陈英武:《电子政务顾客满意度指数模型实证研究》,《系统工程》2006年第5期。

刘勇:《上海旧住区居民满意度调查及影响因素分析》,《城市规划学刊》2010年第3期。

龙玉其:《医疗服务体系的满意度评价——基于2557个城乡不同收入家庭的调查》,《社会保障研究》2011年第1期。

卢少云:《公民自愿主义、大众传媒与公共环保行为——基于中国

CGSS 2013 数据的实证分析》,《公共行政评论》2017 年第 5 期。

罗伯特·B. 丹哈特、珍妮特·V. 丹哈特、刘俊生:《新公共服务:服务而非掌舵》,《中国行政管理》2002 年第 10 期。

罗家德、秦朗、方震平:《社会资本对村民政府满意度的影响——基于 2012 年汶川震后调查数据的分析》,《现代财经》2014 年第 6 期。

罗伟卿:《财政分权是否影响了公共教育供给——基于理论模型与地级面板数据的研究》,《财政研究》2010 年第 11 期。

马得勇:《"匹配效应":政治谣言的心理及意识形态根源》,《政治学研究》2018 年第 5 期。

马得勇、张志原:《公共舆论的同质化及其心理根源——基于网民调查的实证分析》,《清华大学学报》(哲学社会科学版)2017 年第 4 期。

马得勇:《政治传播中的框架效应——国外研究现状及其对中国的启示》,《政治学研究》2016 年第 4 期。

马德峰:《态度改变:费斯汀格的认知不协调理论述评》,《华中理工大学学报》(社会科学版)1999 年第 4 期。

马亮:《公共服务绩效与公民幸福感:中国地级市的实证研究》,《中国行政管理》2013 年第 2 期。

马亮:《公共管理实验研究何以可能:一项方法学回顾》,《甘肃行政学院学报》2015 年第 4 期。

马亮:《公众参与的政府绩效评估是否奏效:基于中国部分城市的多层分析》,《经济社会体制比较》2018 年第 3 期。

马亮、杨媛:《城市公共服务绩效的外部评估:两个案例的比较研究》,《行政论坛》2017 年第 4 期。

马亮、杨媛:《公众参与如何影响公众满意度?——面向中国地级市政府绩效评估的实证研究》,《行政论坛》2019 年第 2 期。

孟华：《政府绩效评估：美国的经验与中国的实践》，上海人民出版社 2006 年版。

孟天广、马全军：《社会资本与公民参与意识的关系研究——基于全国代表性样本的实证分析》，《中国行政管理》2011 年第 3 期。

孟天广、杨明：《转型期中国县级政府的客观治理绩效与政治信任——从"经济增长合法性"到"公共产品合法性"》，《经济社会体制比较》2012 年第 4 期。

倪星、李佳源：《政府绩效的公众主观评价模式：有效，抑或无效？——关于公众主观评价效度争议的述评》，《中国人民大学学报》2010 年第 4 期。

倪星：《中国地方政府治理绩效评估研究的发展方向》，《政治学研究》2007 年第 4 期。

聂静虹：《论政治传播中的议题设置、启动效果和框架效果》，《政治学研究》2012 年第 5 期。

庞伟、孙玉栋：《省以下财政分权对公共服务供给的门限效应》，《云南财经大学学报》2019 年第 3 期。

裴志军、陶思佳：《谁会给政府"差评"：社会资本和生活满意度对政府评价的影响——基于中国农村社会调查的数据研究》，《中国行政管理》2018 年第 1 期。

任小军：《公共服务满意度、税制公平与纳税遵从——来自中国的证据》，《经济与管理》2013 年第 4 期。

阮宗泽：《话说西方"民主赤字"》，《世界知识》2001 年第 17 期。

尚虎平：《"整体主义"难解政府服务绩效之困——国内外"政府服务绩效评价"研究差异的文献解释》，《经济管理》2013 年第 2 期。

申悦、傅行行：《社区主客观特征对社区满意度的影响机理——以上海市郊区为例》，《地理科学进展》2019 年第 5 期。

沈志荣、沈荣华：《公共服务市场化：政府与市场关系再思考》，《中国行政管理》2016年第3期。

孙斐、叶烽：《国际政府绩效管理的研究热点与前沿动态——基于SSCI（2008—2017）的文献计量分析》，《公共管理与政策评论》2019年第5期。

孙开、张磊：《分权程度省际差异、财政压力与基本公共服务支出偏向——以地方政府间权责安排为视角》，《财贸经济》2019年第8期。

孙青、张晓青、路广：《中国城市收缩的数量、速度和轨迹》，《城市问题》2019年第8期。

孙彦、黄莉、刘扬：《决策中的图形框架效应》，《心理科学进展》2012年第11期。

孙宗锋：《城市公共服务满意度影响因素再探究——锚定场景法的应用》，《公共行政评论》2018年第5期。

唐尚锋：《公共卫生服务公私协作机制与系统绩效的循证研究》，博士学位论文，华中科技大学，2018年。

汪小勤、吴士炜：《中国城市的社会福利状况及其影响因素——以289个地级市为例》，《城市问题》2016年第9期。

汪玉凯：《中国行政改革：历程、战略与突破》，《国家行政学院学报》2009年第4期。

王竑、陈坚、李金玉：《基于SEM的长白山景区旅游公共服务满意度研究》，《税务与经济》2019年第2期。

王欢明、诸大建、马永驰：《中国城市公共服务客观绩效与公众满意度的关系研究》，《软科学》2015年第3期。

王浦劬：《政府向社会力量购买公共服务的改革意蕴论析》，《吉林大学社会科学学报》2015年第4期。

王学军、曹钶婕：《公共价值范式下的政府绩效管理学科体系构建与绩效治理——第五届政府绩效管理与绩效领导国际学术会议综述》,《中国行政管理》2018 年第 1 期。

王永贵、刘菲:《信任有助于提升创新绩效吗——基于 B2B 背景的理论探讨与实证分析》,《中国工业经济》2019 年第 12 期。

王永莉、梁城城、王吉祥:《财政透明度、财政分权与公共服务满意度——中国微观数据与宏观数据的交叉验证》,《财政论坛》2016 年第 1 期。

吴建南、庄秋爽:《测量公众心中的绩效:顾客满意度指数在公共部门的分析应用》,《管理评论》2005 年第 5 期。

吴结兵、李勇、张玉婷:《差序政府信任:文化心理与制度绩效的影响及其交互效应》,《浙江大学学报》(人文社会科学版)2016 年第 5 期。

吴进进、于文轩:《中国城市财政透明度与政府信任——基于多层线性模型的宏微观互动分析》,《公共行政评论》2017 年第 6 期。

项光勤:《关于认知失调理论的几点思考》,《学海》2010 年第 6 期。

肖育才、钟大能:《基本公共服务供给对城乡收入差距影响:基于不同收入来源的视角》,《西南民族大学学报》(人文社会科学版)2020 年第 3 期。

谢星全:《基本公共服务质量:多维建构与分层评价》,《上海行政学院学报》2018 年第 4 期。

谢星全:《基本公共服务质量:一个系统的概念与分析框架》,《中国行政管理》2017 年第 3 期。

谢星全、朱筱屿:《基本公共服务质量评价研究——以基本住房保障服务为例》,《软科学》2018 年第 3 期。

谢宇:《社会学方法与定量研究》,社会科学文献出版社 2006 年版。

徐校平、杨清、邱银伟等:《浙江省居民对基本公共卫生服务项目感受度调查》,《中国公共卫生管理》2018年第6期。

薛澜、李宇环:《走向国家治理现代化的政府职能转变:系统思维与改革取向》,《政治学研究》2014年第5期。

燕继荣:《服务型政府的研究路向——近十年来国内服务型政府研究综述》,《学海》2009年第1期。

杨波:《论基本公共服务均等化的演进特征与变迁逻辑——基于2006—2018年政策文本分析》,《西南民族大学学报》(人文社会科学版)2019年第5期。

杨建科、王建:《"医疗服务圈"与城市居民的医疗满意度——基于八城市调查(JSNET2014)的实证分析》,《社会科学战线》2017年第5期。

叶俊:《我国基本医疗卫生制度改革研究》,博士学位论文,苏州大学,2016年。

易承志:《环保绩效体验、政府信任与城市环境公共服务满意度——基于上海市的实证调研》,《软科学》2019年第7期。

尹栾玉:《基本公共服务:理论、现状与对策分析》,《政治学研究》2016年第5期。

尹青林:《佛山市顺德区大部制改革公众满意度的模型建构与验证》,硕士学位论文,华南理工大学,2016年。

于文轩、樊博:《公共管理学科的定量研究被滥用了吗?——与刘润泽、巩宜萱一文商榷》,《公共管理学报》2020年第1期。

于洋航、陈志霞:《公共服务可达性对政治信任的影响及其作用机制》,《华中科技大学学报》(社会科学版)2019年第2期。

余慧、黄荣贵、桂勇:《社会资本对城市居民心理健康的影响:一项多层线性模型分析》,《世界经济文汇》2008年第6期。

郁建兴、吴玉霞:《公共服务供给机制创新:一个新的分析框架》,《学术月刊》2009年第12期。

袁方：《社会研究方法教程》，北京大学出版社 2013 年版。

袁媛、丁凯丽、曹新宇等：《社区满意度及影响因素研究方法综述》，《城市发展研究》2018 年第 10 期。

臧雷振、黄建军：《大政府还是小政府：灵巧型政府建构进路》，《中国行政管理》2013 年第 7 期。

翟秋阳、崔光胜：《我国城乡基本公共服务均等化研究——基于东、中、西部若干省市的比较分析》，《求实》2015 年第 7 期。

张长东：《社会科学中的因果机制：微观基础和过程追踪》，《公共管理评论》2018 年第 1 期。

张会萍、闫泽峰、刘涛：《城市公共服务满意度调查研究——以宁夏回族自治区银川市为例》，《财政研究》2011 年第 9 期。

张会芸：《当社会信任遇见政府信任——西方实证研究成果跟踪》，《华中科技大学学报》（哲学社会科学版）2017 年第 4 期。

张结海、张玲：《现实理性：一个理解经济行为的框架》，《心理科学进展》2003 年第 3 期。

张丽：《政府信任及其影响因素研究》，博士学位论文，北京师范大学，2019 年。

张龙鹏、汤志伟、曾志敏：《技术与民生：在线政务服务影响公共服务满意度的经验研究》，《中国行政管理》2020 年第 2 期。

张培则：《微观经济学的产生和发展》，湖南人民出版社 1997 年版。

张书维、李纾：《行为公共管理学探新：内容、方法与趋势》，《公共行政评论》2018 年第 1 期。

张书维、许志国、徐岩：《社会公正与政治信任：民众对政府的合作行为机制》，《心理科学进展》2014 年第 4 期。

张学良、邵东燕、张富利等：《勒温场动力理论视阈下高校青年教师教学动力的激发探究》，《西北工业大学学报》（社会科学版）2017 年第 2 期。

张宇、韩增林、彭飞:《东北地区经济发展与基本公共服务协调度时空格局》,《资源开发与市场》2016年第6期。

赵强社:《城乡基本公共服务均等化制度创新研究》,博士学位论文,西北农林大学,2012年。

郑方辉、邓霖、卢扬帆:《影响政府整体绩效的公众满意度因素实证研究》,《天津行政学院学报》2014年第1期。

郑方辉、王珺:《地方政府整体绩效评价中的公众满意度研究——以2007年广东21个地级以上市为例》,《广东社会科学》2008年第1期。

郑建君、赵东东:《公共服务满意度的影响机制及作用条件——基于江苏、贵州两省的实证分析》,《山西大学学报》(哲学社会科学版)2019年第1期。

郑建君:《政治效能感、参与意愿对中国公民选举参与的影响机制——政治信任的调节作用》,《华中师范大学学报》(人文社会科学版)2019年第4期。

中国(海南)改革发展研究院著:《中国政府改革路线图》,世界知识出版社2009年版。

周长城、徐鹏:《社会地位与生活体验对政府工作满意度的影响——以中国村镇居民为例》,《国家行政学院学报》2018年第4期。

周丽玲:《认知偏见与网络口碑的传播效果:对网购人群的焦点小组访谈研究》,《新闻与传播评论》2013年第00期。

周颖:《内隐态度对公务员组织公民行为的影响》,《江西社会科学》2017年第8期。

周灼维:《品牌延伸对母品牌的影响》,《经济论坛》2006年第1期。

朱德米、李兵华:《行为科学与公共政策:对政策有效性的追求》,《中国行政管理》2018年第8期。

朱廷劭:《人工智能助力心理学研究的应用场景》,《人民论坛·学术前沿》2019年第20期。

[美]弗朗西斯·福山:《信任:社会美德与创造经济繁荣》,郭华译,广西师范大学出版社2016年版。

[美]赫伯特·西蒙:《现代决策理论基石——有限理性说》,杨砾、徐立译,北京经济学院出版社1991年版。

[美]马克·沃伦:《民主与信任》,吴辉译,华夏出版社2004年版。

[美]珍妮特·登哈特、罗伯特·登哈特:《新公共服务》,中国人民大学出版社2004年版。

Aberbach, Joel D., Jack L. Walker (1970), *The Attitudes of Blacks and Whites toward Services: Implications for Public Policy*, In Financing the Metropolis, ed. John P. Crecine. Beverly Hills, CA: Sage.

Agerström, Jens, Dan-Olof Rooth (2011), "The Role of Automatic Obesity Stereotypes in Real Hiring Discrimination", *Journal of Applied Psychology*, 96 (4): 790–805.

Aiken, L. S., West, S. G. (1991), *Multiple regression: Testing and interpreting interactions*, Thousand Oaks, CA: Sage.

Araña, J. E., León, C. J. (2013), "Can defaults save the climate? Evidence from a field experiment on carbon offsetting programs", *Environmental and Resource Economics*, 54 (4): 613–626.

Arcuri L., Luigi C., Silvia G., Cristina Z., Alessandro A. (2008), "Predicting the vote: Implicit attitudes as predictorsof the future behavior of decided and undecided voters", *Political Psychology*, 29 (3): 369–387.

Ariely, G. (2011), "Why People (Dis) Like the Public Service: Citizen Perception of the Public Service and the NPM Doctrine", *Politics*

& *Policy*, 39 (6): 997 – 1019.

Arikan, G., Eser, S. (2019), "Authoritarian Predispositions and Attitudes Towards Redistribution", *Political Psychology*, 40 (5): 1099 – 1118.

Arkes, H. R., Philip E. T. (2004), "Attributions of implicit prejudice, or would Jesse Jackson 'fail' the Implicit Association Test?", *Psychological Inquiry*, 15 (4): 257 – 278.

Bargh, John A., Tanya L. Chartrand (1999), "The unbearable automaticity of being", *American Psychologist*, 54 (7): 462.

Barnes, M., Prior, D. (1995), "Spoilt for choice? How consumerism can disempower public service user", *Public Money & Management*, 15 (3): 53 – 58.

Baron, R. M., Kenny, D. A. (1986), "The moderator-mediator variable distinction in social psychological research: Conceptual, strategic, and statistical considerations", *Journal of Personality and Social Psychology*, (51): 1173 – 1182.

Battaglio, R. Paul, Jr., Paulo Belardinelli, Nicola Bellé, Paula Cantarelli (2019), "Behavioral Public Administration ad fontes: A Synthesis of Research on Bounded Rationality, Cognitive Biases, and Nudging in Public Organizations", *Public Administration Review*, 79 (3): 304 – 320.

Beck, Paul Allen, Hal G. Rainey, and Carol Traut (1986), "Public Views of Local Services and Taxes: Divergent Sources of Fiscal Policy Thinking", Paper presented at the annual meetingof the Midwest Political Science Association, Chicago.

Berg, Monika, and Viktor Dahl (2019), "Mechanisms of trust fordifferent modes of welfare service provision", *Public Management Re-*

view, pp. 1 - 22.

Beshi, T. D. , Kaur, R. (2019), "Public Trust in Local Government: Explaining the Role of Good Governance Practices", *Public Organization Review*, (4): 1 - 14.

Bian Y. (1997), "Bringing strong ties back in: indirect ties, network bridges, and job searches in China", *American Sociological Review*, 62 (3): 366 - 385.

Blendon, R. J. , Schoen C. , DesRoches, C. M. , Osborn, R. , Scoles K. L. , Zapert K. (2002), "Inequities in health care: a five country survey", *Health Affairs*, 21 (3): 182 - 191.

Bolotin, F. N. , Cingranelli, D. L. (1983), "Equity and urban policy: The underclass hypothesis revisited", *The Journal of Politics*, 45 (1): 209 - 219.

Boschken, H. (1994), "Organizational performance and multiple constituencies", *Public Administration Review*, 54 (3): 308 - 314.

Bouckaert, Geert, J. Halligan (2008), *Managing Performance: International Comparisons*, London; New York: Routledge.

Bouckaert, G. , Van de Walle, S. (2003), "Comparing measures of citizen trust anduser satisfaction as indicators of good governance: Difficulties in linking trust and satisfaction indicators", *International Review of Administrative Sciences*, 69 (3): 329 - 343.

Bouckaert, G. , Walle, S. V. D. , Kampen, J. K. (2005), "Potential for comparative public opinion research in public administration", *International Review of Administrative Sciences*, 62 (2): 332 - 339.

Boyne, G. (2002), "Concepts and Indicators of Local Authority Performance: An Evaluation of the Statutory Frameworks in England and Wales", *Public Money & Management*, 22 (2): 17 - 24.

Boyne, G. A. (1996), "Competition and Local Government: A Public Choice Perspective", *Urban Studies*, 33 (4–5): 703–721.

Boyne, G. A. (2003), "Sources of public service improvement: A critical review and research agenda", *Journal of Public Administration Research and Theory*, 13 (4): 767–94.

Boyne G. A. (2004), "Explaining public service performance: does management matter?", *Public Policy and Administration*, 19 (4): 100–117.

Brehm, J., Rahn, W. (1997), "Individual-level evidence for the causes and consequences of social capital", *American Journal of Political Science*, 41 (3): 999–1023.

Brian, K. Collins, Hyun, Joon, Kim, Jie, Tao (2019), "Managing for Citizen Satisfaction: Is Good Not Enough?", *Journal of Public and Nonprofit Affairs*, 5 (1): 21–38.

Brown, K., Coulter, P. B. (1983), "Subjective and objective measures of police service delivery", *Public Administration Review*, 43 (1): 50–58.

Busuioc, Madalina, Martin, Lodge (2017), "Reputation and accountability relationships: Managing accountability expectations through reputation", *Public Administration Review*, 77 (1): 91–100.

Campbell, A., Converse, P. E., Rodgers, W. L. (1976), "The Quality of American Life: Perceptions, Evaluations, and Satisfactions", *American Journal of Sociology*, 85 (6): 1439–1442.

Cao L, Hou C. (2001), "A comparison of confidence in the police in China and in the United States", *Journal of Criminal Justice*, 29 (2): 87–99.

Cao X. (2015), "How does neighborhood design affect life satisfaction? Evidence from Twin Cities", *Travel Behavior& Society*, 5: 68 – 76.

Cardozo, R. N. (1965), "An experimental study of customer effort, expectation and satisfaction", *Journal of Marketing Research*, 8 (2): 34 – 45.

Carpenter, Daniel P., George A. Krause (2012), "Reputation and public administration", *Public Administration Review*, 72 (1): 26 – 32.

Charbonneau, E. &Van, Ryzin, G. G. (2012), "Performance Measures and Parental Satisfaction with New York City Schools", *The American Review of Public Administration*, 42 (1): 54 – 65.

Christensen, T., & Laegreid, P. (2005), "Trust in government: The relative importance of service satisfaction, political factors, and demography", *Public Performance & Management Review*, 28 (4): 487 – 511.

Christenson, James A., Taylor, Gregory, S. (1983), "The Socially Constructed and Situational Context for Assessment of Public Services", *Social Science Quarterly*, 64 (2): 264 – 274.

Christenson, J. A., & Taylor, G. S. (1983), "The socially constructed and situational context for assessment of public services", *Social Science Quarterly*, (64): 264 – 274.

Christine Kelleher, David Lowery (2002), "Tiebout Sorting and Selective Satisfaction with Urban Public Services: Testing the Variance Hypothesis", *Urban Affairs Review*, 37 (3): 420 – 431.

Chun, Y., Rainey, H. (2005), "Goal Ambiguity and Organizational Performance in U. S. Federal Agencies", *Journal of Public Administration Research and Theory*, 15 (4): 529 – 58.

Churchill J. G. A., Surprenant C. (1982), "An investigation into the determinants of customer satisfaction", *Journal of Marketing Research*, 19 (4): 491-504.

Coe C. K. (2003), "A Report Card on Report Cards", *Public Performance & Management Review*, 27 (3): 53-76.

Cohen, J. (1988), *Statistical Power Analysis for the Behavioral Sciences* (2nd ed.), Hillsdale, NJ: Erlbaum.

Cohen, J. (1988), "Statistical power analysis for the behavioral sciences", *Technometrics*, 31 (4): 499-500.

Coleman, J., S. (1966), "Foundations for a theory of collective decisions", *American Journal of Sociology*, 71 (6): 615-627.

Coleman, J., S. (1990), *The foundations of social theory*, Cambridge, MA: Belknap Press of Harvard University Press.

Curl A., Nelson J., Anable J. (2011), "Does Accessibility Planning Address What Matters? A Review of Current Practice and Practitioner Perspective", *Research in Transportation Business & Management*, (1): 3-11.

Deng, S., J., Peng, C., Wang (2013), "Fiscal Transparency at the Chinese Provincial Level", *Public Administration*, 91 (4): 947-963.

Denhardt, J. V., & Denhardt, R. B. (2003), *The new public service: Serving, not steering*, Armonk, NY: M. E. Sharpe.

Derick, W. B., Anna, W., Erik, W. (2018), "Distance, services, and citizen perceptions of the statein rural Africa", *Governance*, 31 (1): 103-124.

Deslatte, Aaron (2019), "A Bayesian approach for behavioral publicadministration: Citizen assessments of local government. sustainability performance", *Journal of Behavioral Public Administration*, 2 (1): 1 – 12.

D. Ma, F. Yang (2014), "Authoritarian Orientations and Political Trust in East Asian Societies", *East Asia*, 31 (4): 323 – 341.

Donat M., Peter F., Dalbert C., Kamble S. V. (2015), "The meaning of students' personal belief in a just world for positive and negative aspects of school-specific well-being", *Social Justice Research*, 29 (1): 73 – 102.

Dowding, K., and P. John. (2011), "Voice and Choice in Health Care in England: Understanding Citizen Responses to Dissatisfaction", *Public Administration*, 89 (4): 1403 – 1418.

Druckman, James N., Erik Peterson, and Rune Slothuus (2013), "How elitepartisan polarization affects public opinion formation", *American Political Science Review*, 107 (1): 57 – 79.

Duckett, J. (2011), *The Chinese State's Retreat From Health: Policy and the Politics of Retrenchment*, London: Routledge.

Durkheim, E. (1933), *The division of labor in society*, New York: Macmillan.

Favero, N., K., J., Meier (2013), "Evaluating Urban Public Schools: Parents, Teachers, and State Assessments", *Public Administration Review*, 73 (3): 401 – 12.

Fazio, R. H., Towles-Schwen, T. (1999), "The MODE model of attitude-behavior processes", In S. Chaiken & Y. Trope (Eds.), *Dual-process theories in social psychology*, New York: Guilford Press: 97 – 176.

Festinger L. (1957), *A Theory of Cognitive Dissonance*, Stanford: Stanford University Press: 88 – 95.

Festinger, L. (1957), *A Theory of Cognitive Dissonance*, Stanford Univ. Press: Stanford, CA.

Festinger, L. (1962), *A Theory of Cognitive Dissonance*, Palo Alto, CA: Stanford University Press.

Fledderus, Joost, Brandsen, Taco, Honingh, Marlies (2014), "Restoring trust through the co-production of public services: A theoretical elaboration", *Public Management Review*, 16 (3): 424–443.

Forrest, V. M. III, Claudia, P. (2011), "Do they all perform alike? Anexamination of perceived performance, citizen satisfaction and trust with US federal agencies", *International Review of Administrative Sciences*, 77 (3): 451–479.

Friman, M., Fellesson, M. (2009), "Service Supply and Customer Satisfaction in Public Transportation: The Quality Paradox", *Journal of Public Transportation*, 12 (4): 57–69.

G., A., Almond, S., Verba (1963), *The Civic Culture: Political Attitudes in Five Western Democracies*, Princeton: Princeton University Press: 4–5.

Gennaioli, N., Shleifer, A., Vishny, R. (2015), "Money Doctor", *Journal of Finance*, 70 (1): 91–114.

George A. Boyne, Richard M. Walker (2010), "Strategic Management and Public Service Performance: The Way Ahead", *Public Administration Review*, 70 (s1): s185–s192.

Gregg, G., Van, Ryzin (2007), "Pieces of a Puzzle: Linking Government Performance, Citizen Satisfaction, and Trust", *Public Performance & Management Review*, 30 (4): 521–535.

Grimmelikhuijsen, S., Sebastian Jilke, Asmus Leth Olsen, Lars Tummers (2017), "Behavioral Public Administration: Combining Insights from Public Administration and Psychology", *Public Administration Review*, 77 (1): 45 – 56.

Grosso, A. L., G. G. Van, Ryzin (2012), "Public Management Reform and Citizen Perceptions of the UK Health System", *International Review of Administrative Sciences*, 78 (3): 494 – 513.

Grytten, J., Carlsen, F., Skau, I. (2009), "Services Production and Patient Satisfaction in Primary care", *Health Policy*, 89 (3): 312 – 322.

Guiso, L., Sapienza, P., Zingales, L. (2004), "The role of social capital in financial development", *American Economic Review*, 94 (3): 526 – 556.

Hair, J., F., Tatham, R. L., Anderson, R. E. (1998), *Multivariate Data Analysis*, Prentice Hall: 648 – 650.

Halil, Z., Nizamettin, B., Selim, Z. (2010), "Service quality and determinants of customer satisfaction in hospitals: Turkish experience", *International Business & Economic Research Journal*, 9 (5): 51 – 58.

Hansen P. G. (2016), "The Definition of Nudge and Libertarian Paternalism: Does the Hand Fit the Glove?", *European Journal of Risk Regulation*, 7 (1): 1 – 20.

Hawdon, J. (2008), "Legitimacy, Trust, Social Capital, and Policing Styles: A Theoretical Statement", *Police Quarterly*, 11 (2): 182 – 201.

Hawdon, J. (2008), "Legitimacy, trust, social capital, and policing styles: a theoretical statement", *Police Quarterly*, 11 (2): 182 – 201.

Hawkins C. B. Brian A. Nosek (2012), "Motivated Independence? Implicit Party Identity Predicts Political Judgments Among self – proclaimedindependents", *Personality and Social Psychology Bulletin*, 38 (11): 1437-1452.

Hawkins, R. O. (1973), "Who called the cops? Decisions to report criminal victimization", *Law and Society Review*, 7 (3): 426-444.

Hergenhahn B. R. (2013), *An introduction to the history of psychology*, 7th. Ed. Massachusetts: Wadsworth Publishing.

Hero, R. E., Durand, R. (1985), "Explaining citizen evaluations of urban services: A comparison of some alternative models", *Urban Affairs Quarterly*, 20 (3): 344-354.

Higgins, G. E., Wolfe, S. E., Walters, N. (2009), "Sex and Experience: Modeling the Public's Perceptions of Justice, Satisfaction and Attitude toward the Courts", *American Journal of Criminal Justice*, 34: 116-130.

Ho, A. T., W., Cho. (2017), "Government Communication Effectiveness and Satisfaction with Police Performance: A Large-Scale Survey Study", *Public Administration Review*, 77 (2): 228-239.

Hood C., Dixon R., Beeston C. (2008), "Rating the Rankings: Assessing International Rankings of Public Service Performance", *International Public Management Journal*, 11 (3): 298-328.

Hovland, Carl I., O. J. Harvey, Muzafer, Sherif (1957), "Assimilation and Contrast Effects in Reactions to Communication and Attitude Change", *Journal of Abnormal and Social Psychology*, 55 (2): 244-252.

Howard J. A., Jagdish N. S. (1969), *The Theory of Buyer Behavior*, New York: John Wiley & Sons: 467-487.

Howlett M. (2012), "The lessons of failure: Learning and blame avoidance in public policy", *International Political Science Review*, 33 (5):

539-555.

Hunt H. K. (1977), "CS/D-overview and Future Research Directions in Concept Ualization and Measurement of Customer Satisfaction and Dissatisfaction", *Marketing Science Institute*, 1 (1): 455-542.

Jackson J., Bradford B. (2009), "Crime, policing and social order: on the expressive nature of public confidence in policing", *The British Journal of Sociology*, 60 (3): 493-521.

Jackson, P. (1988), "The Management of Performance in the Public Sector", *Public Money & Management*, 8 (4): 11-16.

Jacobsen, R., Snyder, J. W., Saultz, A. (2015), "Understanding Satisfaction with Schools: The Role of Expectations", *Journal of Public Administration Research and Theory*, 25 (3): 831-848.

James A. Pooler (1995), "The use of spatial separation in the measurement of transportation accessibility", *Transportation Research*, 29 (6): 421-427.

James, O. (2009), "Evaluating the Expectations Disconfirmation and Expectations Anchoring Approaches to Citizen Satisfaction with Local Public Services", *Journal of Public Administration Research and Theory*, 19 (1): 107-123.

Janet, M. Kelly (2003), "Citizen Satisfaction and Administrative Performance Measures: Is there Really a Link?", *Urban Affairs Review*, 38 (6): 855-866.

Jap, S. D. (1999), "Pie-Expansion Efforts: Collaboration Processes in Buyer-Supplier Relationships", *Journal of Marketing Research*, 36 (4): 461-475.

Jedinger, Alexander, Axel, M. Burger (2020), "The Ideological Foundations of Economic Protectionism: Authoritarianism, Social Dominance

Orientation, and the Moderating Role of Political Involvement", *Political Psychology* 41 (2): 403 –424.

Jilke, S., Baekgaard, M. (2020), "The political psychology of citizen satisfaction: Does functional responsibility matter?", *Journal of Public Administration Research and Theory*.

John, D. Marvel (2016), "Unconscious Bias in Citizens' Evaluations of Public Sector Performance", *Journal of Public Administration Research And Theory*, 26 (1): 143 –158.

Johnson. M. D., Fornell C. A. (1991), "Framework For Comparing Customer Satisfaction Across Individuals and Product Categories", *Journal of Consumer Research*, (12): 267 –286.

Johnson, P. (1993), *Frames of deceit: A study of the loss and recovery of public and private trust*, New York: Cambridge University Press.

Jones, Byran D., Saadia Greenberg, Clifford Kaufman, Joseph Drew (1978), "Service Delivery Rules and the Distribution of Local Government Services: Three Detroit Bureaucracies", *Journal of Politics*, 40 (2): 332 –68.

Jones, G., & Needham, C. (2008), "Debate: Consumerism in public services—for and against", *Public Money & Management*, (28): 70 –76.

Jost, J. T., Rudman, L. A., Blair, I. V., Carney, D., Dasgupta, N., Glaser, J., Hardin, C. D. (2009), "The existence of implicit bias is beyond reasonable doubt: A refutation of ideological and methodological objections and executive summary of ten studies that no manager should ignore", *Research in Organizational Behavior*, 29: 39 –69.

Julian Christensen (2018), "Biased, not blind: An experimental test of self-serving biases in service users' evaluations of performance information", *Public Administration*, 96: 468-480.

Kacmar, M., Bozeman, D., Carlson, D. and Anthony, W. (1999), "An Examination of the Perceptions of Organizational Politics Model: Replication and Extension", *Human Relations*, 52 (3): 383-416.

Karpinski, A., James L. H. (2001), "Attitudes and the Implicit Association Test", *Journal of Personality and Social Psychology*, 81 (5): 774.

Karpinski, Andrew, James L. Hilton (2001), "Attitudes and the Implicit Association Test", *Journal of Personality and Social Psychology*, 81 (5): 774-788.

Kelly, J. M. (2003), "Citizen satisfaction and administrative performance measures: Is there really a link?", *Urban Affairs Review*, 38 (6): 855-866.

Kelly, J. M. (2005), "The dilemma of the unsatisfied customer in a market model of public administration", *Public Administration Review*, 65 (1): 76-84.

Kelly, J. M., Swindell, D. (2002), "A Multiple-Indicator Approach to Municipal Service Evaluation: Correlating Performance Measurement and Citizen Satisfaction Across Jurisdictions", *Public Administration Review*, 62 (5): 610-621.

Kelly, J. M., Swindell, D. (2002), "Service quality variation across urban space: First steps toward a model of citizen satisfaction", *Journal of Urban Affairs*, 24 (3): 271-288.

Kenneth, J. Meier., Laurence, J. O'Toole, Jr. (2013), "Subjective Organizational Performance and Measurement Error: Common Source Biasand Spurious Relationships", *Journal of Public Administration Researchand Theory*, 32 (2): 429-456.

Khayat, K., Salter B. (1994), "Patient satisfaction surveys as a market research tool for general practices", *British Journal of General Practice the Journal of the Royal College of General Practitioners*, 44 (382): 215 – 219.

Knack, S., Keeer, P. (1997), "Does social capital have an economic payoff? A cross-country investigation", *Quarterly Journal of Economics*, 112 (4): 1251 – 1288.

Korsch, B., M., Gozzi, E., K., Francis, V. (1968), "Gaps in doctor – patient communication", *Pediatrics*, 42 (5): 855 – 871.

Kroneman, M., W., Maarse, H., Van, Der. (2006), "Direct access in primary care and patient satisfaction: a European study", *Health Policy*, 76 (1): 72 – 79.

Krull, J. L., MacKinnon, D. P. (2001), "Multilevel modeling of individual and group level mediated effects", *Multivariate Behavioral Research*, 36 (2), 249 – 277.

Levy, B. L. M. (2019), "Thomas A. Motivating Political Participation Among Youth: An Analysis of Factors Related to Adolescents' Political Engagement", *Political Psychology*, 40 (5): 1039 – 1055.

Lewin K. (1935), *A Dynamic Theory of Personality*, New York: McgrawHill Book Company: 58.

Lewin K. (1951), "Field Theory in Social Science", New York: Harpper and Brother Publishers: 239 – 240.

Liang, Ma. (2017), "Performance Management And Citizen Satisfacation With The Government: Evidence From Chinese Municipalities", *Public Administration*, 95 (1): 39 – 59.

Lineberry, R., Fowler, E. (1967), "Reformism and Public Policies in American Cities", *American Political Science Review*, 61 (3): 701 –

716.

Lippmann, W. (1922), *Public Opinion*, New York: Free Press.

Lyons, W. E., Lowery, D. (1986), "The Organization of Political Space and Citizen Responses to Dissatisfaction in Urban Communities: An Integrative Model", *The Journal of Politics*, 48: 321-346.

Lyons, W. E., & Lowery, D. (1989), "Citizen Responses to Dissatisfaction in Urban Communities: A Partial test of A General Model", *The Journal of Politics*, 51: 841-868.

Lyons, W. E., Lowery, D., De Hoog, R., H. (1992), *The Politics of Dissatisfaction: Citizens, Services, and Urban Institutions*, Arming, New York: M E. Sharpe, Inc.

Lyons, William E., and David Lowery. (1989), "Citizens Response to Dissatisfaction in Urban Communities: A Partial Test of a General Model", *Journal of Politics*, 51 (4): 841-868.

Mankiw N. G., Reis R. (2001), "Sticky Information: A model of Monetary Non-neutrality and Structural Slumps", NBER Working Paper: 8614.

Marion, O., Darrell, M. (2007), "Citizen Evaluations of Local Police: Personal Experience or Symbolic Attitudes?", *Administration & Society*, 38 (6): 649-668.

Martin, S., Webb, A. (2009), "'Citizen-centered' Public Services: Contestability Without Consumer-driven Competition?", *Public Money & Management*, 29 (2): 123-130.

Mccormack, G., Cerin, E., Leslie, E., Toit, L., Owen, N. (2008), "Objective Versus PerceivedWalking Distance to Destinations: Correspondence and Predictive Validity", *Environment and Behavior*, (3): 401-425.

Morgeson, F. (2014), *Citizen Satisfaction: Improving Government Performance, Efficiency, and Citizen Trust*, New York, NY: Palgrave Macmillan: 7.

Morgeson, F. V., III. (2011), "Comparing Determinants of Website Satisfaction and Loyalty Acrossthe E-government and e-business domains", *Electronic Government: An International Journal*, 8 (2/3): 164 – 184.

Morten, Hjortskov, Larsen (2016), *Citizen Satisfaction: Political Voice and Cognitive Biases*, (PhD). Aarhus University: Aarhus.

Mouritzen, P. E. (1989), "City Size and Citizens' Satisfaction: Two Competing Theories Revisited", *European Journal of Political Research*, 17 (6): 661 – 88.

Munro, N., Duckett, J., "Explaining Public Satisfaction with Health-care Systems: Findings from A Nationwide Survey in China", *Health Expectations*, 19 (3): 654 – 666.

Neil M., Jane D. (2016), "Explaining Public Satisfaction with Health-care Systems: Findings from A Nationwide Survey in China", *Health Expectations*, 19 (3): 654 – 666.

Newton, Kenneth, and Pippa Norris. (2000), *Confidence in Public Institutions: Faith, Culture or Performance?. In Disaffected Democracies: What's Troubling the Trilateral Countries?*, ed. SusanPharr and Robert Putnam. Princeton, NJ: Princeton Univ. Press: 52 – 73.

Norman-Major, K. (2011), "Balancing the Four Es; Or Can We Achieve Equity for Social Equity in Public Administration?", *Journal of Public Affairs Education*, 17 (2): 233 – 252.

Nosek, B. A., Mahzarin R. B. (2001), "The go/no – go association-task", *Social Cognition*, 19 (6): 625 – 666.

Ohbet, Cheon, Miyeon, Song, Austin, M. Mccrea, Kenneth, J. Meier. (2019), "Health Care in America: The Relationship Between Subjective and Objective Assessments of Hospitals", *International Public Management Journal*, 22 (1): 1-27.

Oliver, R. L. (1980), "A Cognitive Model of the Antecedents and Consequences of Satisfaction Decisions", *Journal of Marketing Research*, 17 (4): 460-469.

Olson, M. A., Russell H. F. (2004), "Reducing the Influence Ofextrapersonal Associations on the Implicit Association Test: Personalizingthe IAT", *Journal of Personality and Social Psychology*, 86 (5): 653-667.

Organ, D., Podsakoff, P., MacKenzie, S. (2006), *Organizational Citizenship Behavior: Its Nature, Antecedents, and Consequences*, Thousand Oaks. Sage.

Ostrom, Vincent, Charles M. Tiebout, and Robert Warren. (1961), "The Organization of Governmentin Metropolitan Areas: A Theoretical Inquiry", *American Political Science Review*, 55 (4): 831-842.

Parks, R. B. (1984), "Linking Objective and Subjective Measures of Performance", *Public Administration Review*, 44 (2): 118-127.

Pedersen, Mogens J., Justin M. Stritch, Gabel Taggart (2017), "Citizen Perceptions of Procedural Fairness and the Moderating Roles of 'Belief in a Just World' and 'Public Service Motivation' in Public Hiring", *Public Administration*, 95 (4): 874-894.

Percy, S. L. (1986), "In Defense of Citizen Evaluations as Performance Measures", *Urban Affairs Review*, 22 (1): 66-83.

Perry, J. L., Wise, L. R. (1990), "The Motivational Bases of Public Service", *Public Administration Review*, 50 (3): 367-373.

Petersen, M. B., Martin S., Søren S., Thomas Z. R. (2013), "Motivated reasoning and political parties: Evidence for increased processing in the face of party cues", *Political Behavior*, 35 (4): 831 – 854.

Podsakoff, Philip M., Mackenzie, Scott B., Podsakoff, Nathan P. (2016), "Recommendations for Creating Better Concept Definitions in the Organizational, Behavioral, and Social Sciences", *Organizational Research Methods*, 19 (2): 159 – 203.

Poister, T. H. Thomas, J. C. (2011), "The Effect of Expectations and Expectancy Confirmation Disconfirmation on Motorists' Satisfaction with State Highways", *Journal of Public Administration Research and Theory*, 21 (4): 601 – 617.

Poppo, L., K. Z. Zhou, J. J. Li. (2016), "When Can You Trust 'Trust'? Calculative Trust, Relational Trust, and Supplier Performance", *Strategic Management Journal*, 37 (4): 724 – 741.

Porumbescu, G. (2017), "Not All Bad News after All? Exploring the Relationship between Citizens' Use of Online Mass Media for Government Information and Trust in Government", *International Public Management Review*, 20 (3): 409 – 441.

Pérez, Efren, O. (2010), "Explicit Evidence on the Import of Implicit Attitudes: The IAT and Immigration Policy Judgments", *Political Behavior*, 32 (4): 517 – 545.

Pérez, E. O. (2010), "Explicit evidence on the import of implicit attitudes: The IAT and immigration policy judgments", *Political Behavior*, 32 (4): 517 – 545.

R., C., Mayer, J., H., Davis, F., D., Schoolman (1995), "An Integrative Model of Organizational Trust", *Academy of Manage-*

ment Review, 20 (3): 709 –734.

Rhee, S., Rha, J. (2009), "Public service quality and customer satisfaction: Exploring theattributes of service quality in the public sector", *The Service Industries Journal*, 29 (11): 1491 –1512.

R. Huckfeldt, K. Ikeda, F. U. Pappi (2000), "Poitical Expertise, Interdependent Citizens, and the Value Added Problem in Democratic Politics", *Japanese Journal of Politcal Science*, 1 (2): 171 –195.

Richard, L. Oliver (1980), "A Cognitive Model of the Antecedents and Consequences of Satisfaction Decisions", *Journal of Marketing Research*, 17 (4): 460 –469.

Robert, Entman (1993), "Framing: Toward Clarification of A Fractured Paradigm", *Journal of Communication*, 43 (4): 51 –58.

Robert Nozick. (1974), *Anarchy, State and Utopia*, Oxford: Blackwell Publisher Ltd: 333 –334.

Roch, C., H., Poister, T., H. (2006), "Citizens, Accountability, and Service Satisfaction the Influence of Expectations", *Urban Affairs Review*, 41 (3): 292 –308.

Rothstein, B., Teorell, J. (2008), "What Is Quanlity of Government? A Theory of Impartial Government Institutions", *Governance: An International Policy, Administration, and Institutions*, 21 (2): 165 –190.

Roth, V. J., Bozinoff, L., MacIntosh, P. (1990), "Public opinion and the measurement of consumer satisfaction with government services", *Canadian Public Administration*, 33 (4), 571 –583.

Saar Alon-Barkat (Early View), "The emotive effect of government branding on citizens' trust and its boundaries: Does the personal relevance of the policy issue matter?", *Public Administration*, https://

doi. org/10. 1111/padm. 12647.

Saheim, T. S. , Fjermeros, A. (1997), *Satisfaction with Municipal Services: Does Municipality Size Really Matter?*, Paper presented at the Workshop on Social Capital and Politico-Economic Performance, ECPR Joint Session in Bern, 27 February to 4 March.

Sakashita, N. , M. Hirao. (1999), "On the Applicability of the Tiebout Model to Japanese Cities", *Review of Urban & Regional Development Studies*, (3): 206 – 215.

Samuelson, Paul, A. (1954), "The Pure Theory of Public Expenditure", *The Review of Economics and Statistics*, 36 (4): 387 – 389.

Schutz, S. , M. , Lee, J. , G. , Schmitt, C. , M. (1994), "Clues to patient dissatisfaction with conscious sedation for colonoscopy", *American Journal of Gastroenterology*, 89 (9): 1476 – 1479.

Scupola A. , Zanfei A. (2016), "Governance and innovation in public sector services: The case of the digital library", *Government Information Quarterly*, 33 (2): 237 – 249.

Sears, David O. , John, B. McConahay, 1973, *The Politics of Violence*. Boston: HoughtonMifflin.

Sears, David, O. , Richard, R. , Lau, Tom, R. , Tyler, Harris, M. , Allen, Jr. (1980), "Self-Interest vs. Symbolic Politics in Policy Attitudes and Presidential Voting", *The American Political Science Review*, 74 (3): 670 – 684.

Sears, D. O. (1993), *Symbolic politics: A socio psychological theory*, In S. Iyengar & W. J. McGuire (Eds.), Explorations in Political Psychology, Durham, N. C. : Duke University Press: 113 – 149.

Sharp, Elaine B. (1984a), "Citizen Demand Making in the Urban Context", *American Journal of Political Science*, 20 (4): 654 –

670.

Sharp, Elaine B. (1984b), "Exit, Voice, and Loyalty in the Context of Local Government Problems", *Western Political Quarterly*, 37 (1): 67–83.

Sharp, Elaine B. (1984c), "Need, Awareness, and Contacting Propensity Study of a City with a Central Complaints Unit", *Urban Affairs Quarterly*, 20 (1): 22–30.

Simon H. A. (1947), *Administrative Behavior*, New York: Macmillan: 59.

Simon H. A. (1965), "Administrative Decision Making", *Public Administration Review*, 25 (1): 31–37.

Sitzia, J., Wood, N. (1997), "Patient satisfaction: a review of issues and concepts", *Social Science & Medicine*, 45 (12): 1829–1843.

Skogan, W. G. (1978), "Citizen satisfaction with police services: Individual and contextual effects", *Police Studies Journal*, 5 (4): 469–479.

Slothuus, Rune, Claes H. de Vreese (2010), "Political parties, motivated reasoning, and issue framing effects", *Journal of Politics*, 72 (3): 630–645.

Song, Miyeon, S. H. An, K. J. Meier (2020), "Quality standards, implementation autonomy, and citizen satisfaction with public services: cross-national evidence", *Public Management Review*.

Sonja, Zmerli, Ken, Newton (2008), "Social Trust and Attitudes Toward Democracy", *Public Opinion Quarterly*, 74 (4): 768–780.

Stipak, Brain (1979), "Are There Sensible Ways to Analyze and Use Subjective Indicators of Urban Service Quality?", *Social Indicators Research*, 6 (4): 421–438.

Stipak, Brain (1979), "Citizen Satisfaction with Urban Services: Potential Misuse as a Performance Indicator", *Public Administration Review, 39 (1): 46 - 52.

Stipak, Brain (1983), "Interpreting Subjective Data For Program Evaluation", *Policy Studies Journal*, 12 (2): 305 - 314.

Stipak, Brian (1976), *Citizen Evaluations of Urban Services as Performance Indicators in Local Policy Analysis*, (Doctor), University of California, Los Angeles.

Stipak, Brian (1977), "Attitudes and Belief Systems Concerning Urban Services", *Public Opinion Quarterly*, 41 (1): 41 - 55.

Stoneman, Paul (2008), *This Thing Called Trust: Civic Society in Britain*, Palgrave: Macmillan: 93.

Sune, Welling, Hansen (2015), "The Democratic Costs of Size: How Increasing Size Affects Citizen Satisfaction with Local Government", *Political Studies*, 63 (2): 373 - 389.

Syon P. B., Elizabeth L. (2020), "Behavioral Public Administration: Past, Present, and Future", *Public Administration Review*, 80 (1): 168 - 171.

Taylor-Gooby, Peter and Andrew Wallace (2009), "Public values and public trust: Responses to welfare state reform in the UK", *Journal of Social Policy*, 38 (03): 401 - 419.

Thaler, R. H., Sunstein, C. R. (2008), *Nudge: Improving decisions about health, wealth, and happiness*, NewHaven, CT: Yale University Press.

Tiebout, Charles M. (1956), "A Pure Theory of Local Expenditures. *Journal of Economy*, 64 (5): 416 - 424.

T. J. Rudolph, J. Evans (2005), "Political Trust, Ideology, and Public Support for Government Spending", *American Journal of Political Science*, 49 (3): 660 - 671.

Tsao K. K. (2009), "Building administrative capacity: Lessons learned from China", *Public Administration Review*, 69 (6): 1021 – 1024.

Tversky A., Kahneman D. (1971), "Judgment under uncertainty: Heuristics and biases", *Science*, 185: 1124 – 1131.

Tyler, T. (1990), *Why people obey the law*, New Haven, CT: Yale University Press: Chapter 8.

Ulrik, Hvidman (2019), "Citizens' Evaluations of the Public Sector: Evidence From Two Large-Scale Experiments", *Journal of Public Administration Research And Theory*, 29 (2): 255 – 267.

Ulrik Hvidman (2019), "Citizens' Evaluations of the Public Sector: Evidence From Two Large-Scale Experiments", *Journal of Public Administration Research And Theory*, 29 (2): 255 – 267.

Uslaner, E. M. (2000), "Producing and consuming trust", *Political Science Quarterly*, 115 (4): 569 – 590.

Van de Walle, Steven, Geert Bouckaert (2003), "Public service performance and trust in government: The problem of causality", *International Journal of Public Administration*, 26 (8 – 9): 891 – 913.

Van, Ryzin, G. G. (2004), "Expectations, performance, and citizen satisfaction with urban services", *Journal of Policy Analysis and Management*, 23 (3): 433 – 448.

Van, Ryzin, G. G. (2006), "Testing the expectancy disconfirmation model of citizen satisfaction with local government", *Journal of Public Administration Research and Theory*, 16 (4): 599 – 611.

Van, Ryzin, G. G. (2007), "Pieces of a puzzle: Linking government performance, citizen satisfaction and trust", *Public Performance & Management Review*, 30 (4): 521 – 535.

Van, Ryzin, G. G. (2013), "An Experimental Test of the Expectancy-Disconfirmation Theory of Citizen Satisfaction", *Journal of Policy Analysis and Management*, 32 (3): 597 – 614.

Van, Ryzin, G. G. (2015), "Service quality, administrative process, and citizens' evaluation of local government in the us", *Public management review*, 17 (3 – 4): 425 – 442.

Van Ryzin G. G. Douglas M., Stephen I., Lisa G., Eve M. (2004), "Drivers and Consequences of Citizen Satisfaction: An Application of the American Customer Satisfaction Index Model to New York City", *Public Administration Review*, 64 (3): 331 – 341.

Van, Ryzin, G., G., Immerwahr, S., Ahnmn, S. (2008), "Measuring Street Cleanliness: A Comparison of New York City's Scorecard and Results from a Citizen Survey", *Public Administration Review*, 68 (2): 295 – 303.

Van Ryzin, G. G., Muzzio, D., Immerwahr, S. (2004), "Explaining the race gap in satisfaction with urban services", *Urban Affairs Review*, 39 (5), 613 – 632.

Vroom, Victor, H. (1964), *Work and Motivalion*, New York: John Wiley and Sons.

Waldo, Dwight (1965), "The Administrative State Revisited", *Public Administration Review*, 25 (1): 15 – 30.

Walker, R. M., Brewer, G. A., Boyne, G. A., Avellaneda, C. N. (2011), "Market Orientation and Public Service Performance: New Public Management Gone Mad?", *Public Administration Review*, 71 (5): 707 – 717.

Walker, R. M., Wu, J. (2010), "Future prospects for performance management in Chinese city governments", *Administration & Society*, 42 (1S): 34S – 55S.

Wilkinson, Klaes (2012), *An Introduction to Behavioral Economics*, New York: Palgrave Macmillan.

Wilson, T. D., Lindsey, S., Schooler, T. Y. (2000), "A model of dual attitudes", *Psychological Review*, 107 (1): 101 – 126.

Wu, X. N., Wang, E. P. (2013), "Outcome Favorability as A Boundary Condition to Voice Effect on People's Reactions to Public Policy making", *Journal of Applied Social Psychology*, 43 (2): 329 – 337.

Yang, K., Holzer, M. (2006), "The Performance Trust Link: Implications for Performance Measurement", *Public Administration Review*, 66 (1): 114 – 126.

Yue, Zhuo (2012), "Social Capital and Satisfaction with Crime Controlin Urban China", *Asian Journal of Criminology*, 7 (2): 121 – 136.

Yu, W. (2011), "Open Government Information: Challenges Faced by Public Human Resource Management in China", *International journal of Public Administration*, 34 (13): 879 – 888.

Yu, W., Ma, L. (2015), "External government performance evaluation in China: Evaluating the evaluations", *Public Performance & Management Review*, 39 (1): 144 – 171.

附录一 公共服务满意度各题项检验及因子分析

公共服务满意度各题项的 KMO 检验

变量	KMO
公共教育	0.8853
医疗卫生	0.8767
劳动就业	0.8647
社会保障	0.8543
文化体育	0.8387
基础设施	0.8405
总体	0.8588

公共服务满意度各题项的巴特利球形检验

指标	取值
Chi – square	15643.958
Degrees of freedom	15
p – value	0.000

公共服务满意度各题项的因子载荷

变量	因子1	特征值
公共教育	0.7366	0.4574

续表

变量	因子1	特征值
医疗卫生	0.7681	0.4100
劳动就业	0.7903	0.3754
社会保障	0.8192	0.3289
文化体育	0.7960	0.3663
基础设施	0.7780	0.3947
解释变异量	61.12%	
累积解释变异量	61.12%	

附录二 公共服务主观绩效感知各题项检验及因子分析

公共服务主观绩效感知各题项的 KMO 检验

变量	KMO
均衡性感知	0.7354
便利性感知	0.6724
普惠性感知	0.6681
总体	0.6883

公共服务主观绩效感知各题项的巴特利球形检验

指标	取值
Chi-square	4221.617
Degrees of freedom	3
p-value	0.000

公共服务主观绩效感知各题项的因子载荷

变量	因子1	特征值
均衡性感知	0.7906	0.3749
便利性感知	0.8351	0.3027
普惠性感知	0.8390	0.2961
解释变异量	67.54%	
累积解释变异量	67.54%	